Martin Zinggl
**Lesereise Lissabon**

Martin Zinggl

# Lesereise Lissabon

*In der Wehmut liegt die Kraft*

Picus Verlag Wien

*Für Mama, den Leitstern meiner Abenteuer.*
*Danke für deinen Mut und all die Entbehrungen,*
*die du auf dich genommen hast!*

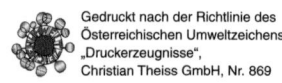

Gedruckt nach der Richtlinie des
Österreichischen Umweltzeichens
„Druckerzeugnisse",
Christian Theiss GmbH, Nr. 869

Copyright © 2017 Picus Verlag Ges.m.b.H., Wien
Alle Rechte vorbehalten
Grafische Gestaltung: Dorothea Löcker, Wien
Umschlagabbildung: © Martin Zinggl
Druck und Verarbeitung:
Christian Theiss GmbH., St. Stefan im Lavanttal
ISBN 978-3-7117-1076-5

Informationen über das aktuelle Programm
des Picus Verlags und Veranstaltungen unter
***www.picus.at***

# Inhalt

»Fang immer mit dem Dessert an!« ......................................... 9

Seelenverwandt ................................................................ 24

Das ewige Duell ................................................................ 34

Baixa Pombalina ............................................................... 43

Alles ist »fado« ................................................................. 51

Made in China .................................................................. 64

Rollerderby ...................................................................... 74

Kunst kennt kein Alter ....................................................... 83

»Bacalhau« ist nicht gleich »bacalhau« ................................ 96

Das schwarze Schaf ......................................................... 112

Obrigado ........................................................................ 132

# »Fang immer mit dem Dessert an!«

Punkt neun Uhr Früh erscheint João Garcia vor mir, bewaffnet mit einem pechschwarzen Regenschirm, der ihn vor dem Nieselregen schützt. João, ein schlaksiger Mann, ist groß gewachsen für einen Portugiesen und vor allem ungewöhnlich pünktlich. Außerdem duftet er nach Rasierwasser, trägt eine orangefarbene Windjacke und Wanderschuhe, die ebenso wasserfest wie federleicht aussehen. Zur Begrüßung hebt er den Schirm wie Mary Poppins und reicht mir seine rechte Hand, an der sich anstelle von Fingern fünf Stummel zeigen. »Laut Wetterbericht hört es in einer Stunde auf zu regnen«, murmle ich. Voller Sorge und Zweifel blickt João empor zur Statue des Marquis von Pombal, bevor ihm ein herzhaftes Schmunzeln entkommt. »Glaub nie dem Wetterbericht in Lissabon«, sagt er. »Das ist wie in den Bergen: Immer verschiedene Quellen heranziehen. Komm, lass uns gehen.« Und dann marschieren wir los, vom Fuße des Denkmals in Richtung grüner Lunge Lissabons und einziger nennenswerten Anhöhe der Küstenstadt: dem Parque Florestal de Monsanto, ein bewaldeter Park, rund zweihundert Meter über dem Meeresspiegel.

João José Silva Abranches Garcia, wie der Mann mit dem Schirm in voller Länge heißt, kennt außerhalb der portugiesischen Landesgrenze kaum jemand, sofern man nicht in irgendeiner Art bergaffin ist oder einem bei Begriffen wie Kangchendzönga, Cho Oyu oder Gasherbrum ein Licht angeht. Aber auch innerhalb Portugals fragen die Leute sicherheitshalber nach, wer João sei. Sehen sie dann ein Bild von ihm, wissen die Portugiesen in der Regel aber sofort Bescheid. Der limitierte Bekanntheitsgrad hat nicht nur Nachteile: João kann sich in seiner Heimatstadt Lissabon problemlos und stressfrei bewegen, ohne dass ihn die Medien zerfleischen, wenn er sich einen menschlichen Fehler erlaubt, und auch ohne dass Scharen von Fans ihn befallen, um Selfies und Autogramme bitten und betteln – im Gegensatz zu seinem Landsmann Cristiano Ronaldo. Kommt Portugals bekanntestes Aushängeschild dann und wann sein Hotel »Pestana CR7« in der Lissabonner Unterstadt besuchen, wird die halbe Stadt für den Fußballer abgeriegelt. Damit macht sich Ronaldo nicht nur Freunde.

Wer versteckt sich also hinter diesem João Garcia? Der Neunundvierzigjährige ist Portugals Antwort auf Reinhold Messner – und wer Letzteren auch nicht kennt, soll mal über stark behaarte Fabelwesen im Himalaya nachlesen. João ist einer jener wenigen Menschen, die dem Drang folgten, ihren inneren Dämon auf extremen Höhen loszuwerden. In anderen Worten: João hat als erster und einziger Portugiese alle Achttausender auf unserem Planeten bestiegen. Zudem gelang es ihm als erst zehntem Mensch überhaupt, diese vierzehn Berge ohne zusätzlichen Sauerstoff und ohne die Hilfe von gepäcktragenden Sherpas hochzuklettern. Sechzehneinhalb Jahre brauchte er dafür. Mehr Menschen sind zum Mond geflogen, als diese Heldentat aus eigener Kraft zu vollbringen. Losgeworden ist er seinen Dämon trotzdem nicht, also kletterte er auf die höchsten Berge jedes Kontinents. Half auch nichts. Seit über drei Jahrzehnten ist João dazu verdammt, Übermenschliches zu leisten, und er bleibt wohl verhext – zumindest sieht er das mittlerweile auch selbst ein. Neuerdings erkundet João Alternativrouten im Himalaya, um den »ausgetretenen Pfaden« auszuweichen. Solche Sorgen muss ein Mensch haben! Zudem motiviert er in Seminaren dazu, Ziele und Balance im Leben zu finden, und führt portugiesische Reisegruppen in den Himalaya und nach Südamerika, um dort mit dem Meister höchstpersönlich Berge zu erklimmen. Heute aber erteilt der Extrembergsteiger mir die Ehre und führt mich durch seine Stadt der sieben Hügel. Zwar erwarte ich mir eine Wanderung ohne Extreme, poche aber insgeheim darauf, eine Seite Lissabons abseits der ausgelatschten Touristenwege kennenzulernen. Da wir uns vorab auf keine Route einigen konnten, lasse ich mich von João überraschen.

Wie aber kommt ein waschechter *lisboeta*, geboren und aufgewachsen in einer Stadt auf Meeresniveau, dazu, auf die Dächer der Welt zu klettern? Ohne einen richtigen Berg im Umkreis von Hunderten Kilometern lernte João bald, das wertzuschätzen, wozu er keinen Zugang hatte und fand Gefallen daran, zu entdecken, was er nicht kannte: Berge! Also radelte er bereits als Jugendlicher zur Serra da Estrela, rund dreihundert Kilometer nördlich von Lissabon, um mit den älteren Burschen zu klettern. Die viertägige Fahrt mit dem Rad dorthin war ihm die Mühe wert. »So begann meine Leidenschaft für Höhen«, sagt João heute stolz. In der Serra da Estrela traf er auf eine Gruppe Erwachsener, die für die Besteigung des Mont Blanc trainierten. João hält einen Moment inne und erinnert sich zurück: »›Mont was?‹, fragte ich damals. ›Der weiße Berg, wo ist das?‹ Sie zeigten mir Fotos und ich war sofort hin und weg.« Zurück daheim recherchierte er in Lissabons Bibliotheken über den Mont Blanc, lernte über Alpinismus, Sir Edmund Hillary und den Everest. Eine neue Welt eröffnete sich ihm. »Der Traum war geboren und ich plante bereits für das darauffolgende Jahr, den Mont Blanc zu erklimmen, was ich dann auch tat.« Und so kletterte ein sechzehnjähriger Sturkopf aus Portugal auf den höchsten Berg der Alpen und ebnete damit den Weg für noch höhere Erkundungen.

In nordwestlicher Richtung spazieren wir den Parque Eduardo VII bergauf, bis wir den *miradouro*, die Aussichtsterrasse, erreichen. Von hier aus sieht man – an klaren Tagen – über den Kopf vom Marquis hinweg das glitzernde Wasser des Tejo und darüber hinaus. Heute verdeckt der morgendliche Tiefnebel Lissabons Panorama. Auch Jesus, der schützend seine Arme über die Stadt ausbreitet, liegt noch in den Wolken. Trotz der Ferne hören wir die Schiffshupen vom Fluss herauf tuten. Im Austausch bahnt sich in sturzflutartigen Bächen das Regenwasser seinen Weg hinab und färbt den Tejo mit Lissabons Straßendreck lehmbraun. Wir passieren ein Gefängnis, den Gerichtshof und das

»Eleven«, das erste mit einem Stern ausgezeichnete Restaurant der Stadt. »Da war ich noch nie essen«, sagt João, »aber es soll richtig gut und richtig teuer sein.« Dann hält er und zeigt auf ein bombastisches Gebäude im Viertel, verziert mit dem Logo der spanischen Supermarktkette »El Corte Inglés«. »Vor zwanzig Jahren haben die Leute immer gestaunt, wenn hier jemand mit einer Corte-Inglés-Einkaufstasche herumgelaufen ist und gesagt: ›Schau mal, die waren shoppen in Madrid!‹ Jetzt haben wir auch einen. *Pois é*. Was soll's?« An der Universität Nova halten wir erneut und João erklärt, dass er hier gerne sein Fahrrad parkt, da es innerhalb des Campus sicherer ist als auf offener Straße.

Je näher wir dem bewaldeten Eingang von Monsanto kommen, als umso langweiliger entpuppt sich Joãos Stadtrundgang und umso heftiger regnet es auf uns herab. »Was habe ich mir da nur angetan?«, denke ich. Die nächsten Stunden bin ich in dieser unspektakulären Tour gefangen. Aber zum Glück kann ein bisschen Wasser einen Menschen nicht erschüttern, der Sturm und Schnee, Eis und Kälte gewohnt ist wie die tägliche Tasse schwarzen Tee und ein paar Scheiben getoasteter *torradas* zum Frühstück. Die Rede ist von João, nicht von mir. Unser Spaziergang verspricht erst wieder unterhaltsam zu werden, als uns beinahe ein Taxi überrollt. War João bisher ein geduldiger und ruhiger Zeitgenosse, tobt er plötzlich. »Siehst du, das ist Lissabonner Mentalität«, schimpft er und hebt seinen Arm gegen das Taxi, das eigentlich vor dem Zebrastreifen halten sollte. »Unsere *taxistas* sind die Allerschlimmsten.

Das sollten professionelle Fahrer sein, aber die benehmen sich wie egoistische Rennfahrer. Darum nennen wir sie auch *fogareiros*, die Heizer. Haben sie Kunden, rasen sie, und wenn sie alleine sind, bringen sie den gesamten Verkehr zum Halt, da sie so dahinschleichen, immer auf der Suche nach Fahrgästen.« Es mag keine Entschuldigung sein, aber vielleicht eine Erklärung: Seitdem rund fünfhundert elektrische Tuktuks die Stadt erobern, führen die *fogareiros* kein einfaches Dasein, kämpfen um jeden Mitfahrer und reduzieren sogar ihre Preise. »Und die Tuktuks«, setzt João fort, der sich keinen Deut beruhigt, »sind auch irgendwie ein Witz! Die gehören nach Nepal und Indien, aber nicht nach Lissabon, auch wenn sie umweltfreundlicher sind als die Taxis und weniger Platz verbrauchen. Aber dass wir alles kopieren und importieren müssen?!« Gutes Stichwort: Import. Joãos Rage nimmt kein Ende.

»Wir *lisboetas* leben nach dem Minderwertigkeitskomplex, dass alles, was aus dem Ausland kommt, besser ist. Was für ein Unsinn! Zudem sind wir auch keine Sportskanonen, sondern Couch-Potatoes. Daher besitzt auch beinahe jeder zumindest ein Auto, manche Familien sogar zwei oder drei. Wir fahren Distanzen von wenigen Hundert Metern, winden uns die kopfsteingepflasterten Gässchen empor, nur um mit unseren Audis, BMWs und Land Rovers anzugeben. Und die Konsequenz dieser unnötigen Millimeterarbeit? Schmutz, Staus und Lärm. Vierzig Minuten zur Arbeit mit dem Wagen, dreißig mit öffentlichen Verkehrsmitteln, und dreißig zu Fuß. Der Straßenverkehr in Lissabon ist eine Katastrophe! Und Fahrradfahren auf Lissabons Straßen ist weitaus gefährlicher, als den Everest zu besteigen, da *lisboetas* glauben, dass ein Auto mehr Rechte auf der Straße hat als Fußgeher oder Fahrradfahrer.« Wahrscheinlich bekomme ich deshalb und aufgrund der vielen Kopfsteinpflaster nur alle heiligen Zeiten einmal einen Radfahrer im Verkehr zu sehen.

Für einen Augenblick möchte ich gerne die Augen schließen und abschalten, aber João redet unaufhaltsam weiter: »Aber noch furchtbarer sind die dummen Entscheidungen unserer Stadtregierung«, meint er. »Diese Egoisten vergessen, dass sie über einen Privatchauffeur, einen Dienstwagen und einen Privatparkplatz verfügen. Sie scheren sich nicht um andere Leute. Minister sollten Diener der Bewohner sein, aber unsere Politiker nutzen ihren Status nur zu ihren eigenen Gunsten.« Kann er ein Beispiel nennen? Und ob! »In Lissabon mangelt es an Parkplätzen, denn es herrscht beinahe überall Parkverbot, beziehungsweise sind zu viele Autos unterwegs. Das ist ein Teufelskreis, denn die Stadt ist verschmutzt von Abgasen. Die Alternative zum Wagen ist eine klapprige Straßenbahn, die einmal pro Stunde anrollt, vollgestopft mit Touristen, wie in einer Sardinenbüchse. Wie soll man sich dann in dieser Stadt fortbewegen? Gleichzeitig entscheidet irgendjemand in Brüssel, dass EU-weit mehr Grünflächen und Fahrradwege gebaut werden sollen, und in Lissabon verschmälern sie eine dreispurige Straße, die ohnehin zu eng ist für dieses ganze Verkehrschaos um ein Drittel, um einen Fahrradweg oder eine Baumallee zu bauen. Völliger Schwachsinn! Ich selbst bin leidenschaftlicher Fahrradfahrer und nichts ist mir wichtiger als die Natur, aber da muss man doch stadtarchitektonisch denken. Tut etwas gegen den Verkehr, aber fasst Monsanto nicht an, ihr Heuchler! Kümmert euch darum, dass die Häuserreihen nicht noch näher an den bewaldeten Park heranrücken und bewahrt das bisschen Grün, das wir in dieser Stadt haben mit all eurer Kraft. Grün hier wegnehmen, um Grün dort zu konstruieren. Was soll das? Diese Stadt ist überschattet von Korruption und Geschäftsleuten, die unter dem Deckmantel der Politik eine Dummheit nach der anderen entscheiden. Wie eine Mafia, die legal und gewählt ist. Seid pragmatischer und praktischer, aber tut nicht Dinge, die euren Konten helfen, die nur schön aussehen und dabei all das zerstören, was ohnehin gut ist. Die Berge haben mich gelehrt, ein pragmatisch denkender Mensch zu sein. Und das bin ich auch in Bezug auf meine Stadt. Ich will ein funktionierendes Lissabon, nicht nur ein Lissabon, das vordergründig schick aussieht.«

Durchatmen!

Bereits klatschnass, aber sonst heil erreichen wir den Monsanto-Wald. João strahlt wieder und hat sich beruhigt. Eifrige Jogger und Radfahrer trotzen dem Regen und ziehen unermüdlich ihre Runden im Park. Im Vorbeiziehen grüßen sie den Extrembergsteiger, halten den Daumen hoch oder nicken mit dem Kopf. Hier kennt man ihn gut, da auch João in Monsanto trainiert, dem einzigen Ort in Lissabon, an dem man wirklich Sport betreiben und sogar wandern kann. Was für ein Luxus, mitten in einer europäischen Hauptstadt. Unter unseren Füßen knirschen nasse Kieselsteine auf dem Pfad durch den Park. Würde nicht ab und zu aus der Ferne das dumpfe Gedröhne eines vorbeizischenden Autos hallen, könnte man meinen, auf einer Trekkingroute zu wandern. Saftig grüne Hügel, eingehüllt von dicken Nebelschwaden, hinter denen die Gipfel nur vermutet werden können. Dazwischen Trampelpfade und Schotterwege, Obstbäume und plätschernde Bergbäche. Monsantos Innenleben ähnelt Nepals Himalaya-Region, und darum geht es in dem Gespräch mit João immer wieder, auch wenn wir eigentlich über Lissabon reden.

»Wenn ich in Lissabon bin«, sagt er, »träume ich von Nepal, bereite meine nächste Expedition vor und denke an nichts anderes. Sobald ich dann auf einem Berg im Himalaya bin, frage ich mich immer: ›Was zur Hölle hast du hier verloren?‹ Dann will ich wieder zurück nach Lissabon, zu meiner Familie, zu meinen Freunden. Ich will heim. ›Momente der Schwäche‹, nenne ich diese natürliche Balance, die es im Leben braucht. Hier ist mein Basislager, und nicht auf dem Everest oder auf dem Annapurna. Hier fühle ich mich gut, hier bereite ich mich auf meine Reisen vor, hier sind die Menschen, die ich liebe – und das sind nicht nur Familie und Freunde, sondern alle *lisboetas*, die mir das Gefühl geben, Teil ihrer Familie zu sein, da sie sich um mich sorgen. Wildfremde Menschen fragen mich auf der Straße: ›Hey, wo führt deine nächste Reise hin?‹ Oder alte Frauen jammern: ›Wann hörst du endlich auf mit dem Unsinn, mein Sohn?‹ Und das ist die Stärke

Lissabons, die mich immer wieder zurückbringt. Hier sind die Menschen auch politisch korrekter als beispielweise in Nordportugal. Dort halten mich Bewohner auf und sagen: ›Mann, hast du dicke Eier, was du dich alles traust!‹ Dann erröte ich, lächle verlegen und weiß nicht, was ich antworten soll.«

Was fehlt dem Extrembergsteiger, wenn er bei Eiseskälte in einem Zelt im Himalaya hungert? »Sobald ich in den Bergen bin, vergesse ich alles um mich herum und mir geht nichts Wesentliches ab, aber natürlich sehne ich mich nach meiner Toilette, meinen vier Wänden, meiner Werkstatt, meinen Trainingsgeräten. Am allermeisten aber fehlt mir die portugiesische Küche«, schießt es aus João heraus. »Vor allem *pastéis de nata* aus Belém und *bacalhau*. Mit diesen Speisen verbinde ich Zuhause! Außerdem liebe ich es, den Pier am Tejo entlangzuspazieren. Dort, wo die Brücke des 25. April über Alcântara führt, trinke ich gerne einen *pingado*, Kaffee mit einem Tropfen Milch, beobachte die vorbeiziehenden Frachter, Segel- und Kreuzfahrtschiffe. Vor allem an einem sonnigen Tag, und davon haben wir in Lissabon ja recht viele!« Rund zweihundertfünfzig regenfreie Tage pro Jahr sogar. Heute ist keiner davon. Dennoch schmeckt die Luft salzig vom Atlantik.

»Du bist wirklich zu beneiden«, sagt João. »In Wien hast du die Berge direkt vor deiner Haustür.« »Und du?«, entgegne ich. »Du hast die Strände von Caparica und Carcavelos vor deiner Haustür in Lissabon.« Dann lächelt João und stimmt den Refrain eines portugiesischen Klassikers von Musiker

António Variações an: »*Estou bem aonde eu não estou, porque eu só quero ir aonde eu não vou ...* Mir geht es gut, wo ich nicht bin, denn ich möchte nur dorthin, wo ich nicht hingehe.«

Mit jedem Höhenmeter verschlechtert sich das Wetter – und gleichzeitig entspannt sich João. Als ob die Luft zu dünn wäre, um sich hier oben aufzuregen. »Wir berühren fast die Wolken«, scherzt er, meint es aber doch ernst. »In Lissabon haben wir zwar keine Berge, dafür aber großartiges Wetter.« Dann bleibt er stehen und lacht herzhaft über seinen Sarkasmus, in Anbetracht der monsunähnlichen Schauer, die sich über uns ergießen. João täuscht sich nicht, der sonst so verlässlich falschliegende städtische Wetterbericht aber schon: Sonnenschein ist so weit entfernt von Lissabon wie Nepal. »Genug der Philosophie«, sagt er. »Wir brauchen dringend Unterschlupf. Sollen wir in ein Kaffeehaus gehen?«

Als wir Monsanto am nördlichen Ausgang wieder verlassen und in das städtische Lissabon zurückkehren, hinein in ein Viertel, das außer Einkaufszentren und einer U-Bahn-Station nur triste Neubauten aus den fünfziger Jahren vorweisen kann, holt uns plötzlich die Realität wieder ein. Weg ist der verwunschene Garten, zurück sind Beton und Lärm. Das Wasser aus den Lachen spritzt dank der vorbeirauschenden Autos auf unsere Hosenbeine und João schimpft wieder. »Keine Rücksicht«, sagt er. »Wie unzivilisiert es hier zugeht. Ich war einmal in Japan, dort ist das undenkbar. Japaner wagen es auch nicht, bei einer roten Ampel die Straße zu überqueren, selbst wenn kein Auto kommt. Jeder hält sich an die

Spielregeln und weicht keinen Millimeter davon ab. Hier existieren zwar auch rote Ampeln, aber keiner befolgt sie. Und als Passant musst du immer auf die Fahrzeuge achten, die scheren sich nicht um dich.« Dann hält er wieder einen Moment inne, besinnt sich und gesteht schließlich: »Aber irgendwie liebe ich an Lissabon, dass wir keine Regeln haben. Alles ist erlaubt. Ja, theoretisch kann dich die Polizei dafür bestrafen, bei Rot die Straße zu überqueren, aber das tut sich doch kein Beamter wirklich an. Unsere Polizisten sehen das natürlich, aber sie wollen es nicht sehen. Solange die Dealer in der Innenstadt mit ihren falschen Drogen nur die Touristen abzocken und keine Geschäfte ausrauben oder Brieftaschen klauen, schreiten die Polizisten nicht ein. Bei uns gilt folgendes Gesetz: ›Bei einem Problem schauen wir weg und hoffen, dass es sich von alleine löst. Und wenn es das nicht tut und uns über den Kopf wächst, werden wir kreativ, lösen es mit großer Verspätung und viel Improvisation!‹« Wie MacGyver. Oder Cristiano »Superstar« Ronaldo, der im Finale der Europameisterschaft nicht als Spieler, sondern plötzlich als Trainer seine Mannschaft zum Titel führte.

Oder wie in dem Einkaufszentrum, das wir zum Schutz aufsuchen. Niemand kümmert sich darum, die mittlerweile zu einem See herangewachsene Pfütze am Eingang aufzuwischen. Passanten rutschen darin aus oder umgehen das Problem und der Wachdienst versucht das Wasser zum Trocknen zu bewegen – durch böses Anstarren. Schließlich knallt eine Verkäuferin genervt einen Teppich aus ihrem Geschäft auf die Wasserlache, mit der sich der neue

Bodenbelag sofort vollsaugt. »Siehst du«, sagt João. »Problem gelöst.« Vorerst zumindest.

Kurz darauf seufzt der Extrembergsteiger erneut, denn wir müssen vorab ein Ticket ziehen, das entscheidet, ob wir unser Getränk in dem Café oder außerhalb konsumieren wollen. »All diese Schikanen«, murmelt er. »Wie in Nepal.« Wir bestellen *cafezinho* und *pastéis de nata*, Lissabons stadtbekannte Mehlspeise, die bereits vor dem 18. Jahrhundert von Mönchen des örtlichen Hieronymus-Klosters zubereitet wurde. Endlich strahlt João wieder, als er das mit Vanillecreme gefüllte Blätterteiggebäck mit Zimt und Staubzucker bestreut. Ofenwarm, wohlduftend, knackig und zuckersüß. Ich kann verstehen, warum ihn diese süße Sünde immer wieder heil aus den Bergen nach Lissabon zurückholt.

Während unsere Kleider langsam trocknen, plaudern wir über ein starkes Stadt-Land-Gefälle, über verklemmte Bewohner und darüber, dass die Gebäude wahrscheinlich in einem besseren Zustand wären, müssten ihre Eigentümer darin leben. Über sprunghaft ansteigende Mietpreise von bis zu zwanzig Prozent, über viel zu schmale Gässchen und viel zu breite Busse, über das sich ständig verändernde Stadtbild. Darüber, dass Lissabon vorgibt, ein schickes Pflaster zu sein, obwohl es im Kern doch den Charakter und den Charme einer altmodischen und verwahrlosten Stadt hat, und dass alte und betagte Menschen dazu verdammt sind, zu Hause eingesperrt zu sein, da Lissabon keine notwendige Infrastruktur wie Aufzüge, Rolltreppen und Gehhilfen bietet und darum im alten Teil Lissabons vorwiegend Erasmus-Studenten leben und Ausländer investieren. Warum die Flexibilität die größte Stärke der *lisboetas* ist, erklärt João mit folgender Anekdote: »Wenn die öffentlichen Verkehrsmittel streiken, zeigen die Bewohner großzügige Gesten: Autofahrer bleiben an Haltestellen stehen und laden alte Menschen ein, die dort vergeblich auf Busse warten, mit ihnen mitzufahren. Sogar diese furchtbaren Taxifahrer, die mich mehrfach fast das Leben im Straßenverkehr gekostet haben, sind plötzlich nett und fahren kostenlos Menschen herum. Das habe ich bisher noch in keiner anderen Hauptstadt gesehen.«

Eine gute Stunde später bewegen wir uns weiter und beobachten schweigend das Treiben auf einer mit schwarz-weißen Ornamenten gepflasterten *avenida*. Mittlerweile hat es aufgehört zu regnen und mit dem Abklingen des Wolkenbruchs nehmen auch wieder die Straßengeräusche zu: dumpfe Stimmen, Möwengekreische, quietschende Reifen und klappernde Absätze. Langsam füllen sich die Straßencafés mit Menschen. Arbeiter sitzen in der Sonne, das Halbdunkel der im Schatten liegenden Gebäudefassaden zu ihrer Linken, den dichten Verkehr der Straße zu ihrer Rechten, und essen aus Tupperwareschüsseln ihre Mittagsjause. Zwei Surfer tragen ihre Bretter unter den Armen, gekleidet in Badehosen und Flipflops. Vom Benfica-Stadion marschieren wir zum Lokalrivalen Sporting in dem Viertel Alvalade. Dort, wo João einst geboren und aufgewachsen ist und das als solches erst genauso lange existiert wie der Bergsteiger selbst.

Insgesamt wandern wir an diesem Tag knapp

zehn Kilometer durch Lissabon, ohne auch nur in die Nähe des Stadtkerns zu kommen. Die Zeit verfliegt jedoch, dank meines redseligen Gefährten, und ich verstehe, warum Touristen mit João nach Nepal reisen. Wenn man mit solcher Leichtigkeit und Unterhaltung eine Strecke zurücklegen kann, macht das Wandern direkt Spaß, egal bei welchem Wetter. Zum Abschied frage ich ihn, ob es in Lissabon auch einmal ein João-Garcia-Museum geben wird. Reinhold Messner hat sich schließlich auch welche in Südtirol gebaut. »Nein«, sagt João bescheiden. »Messner war der Held, der als erster Mensch alle Achttausender-Berge ohne zusätzlichen Sauerstoff bestiegen hat. Ihm gebühren Ruhm und Ehre. Ich war nur ein Nachahmer. Das Leben ist außerdem viel zu kurz für so einen Aufwand, fang daher immer beim Dessert an, am besten mit einem *pastel de nata*. Darum esse ich auch jeden Tag eines.«

# Seelenverwandt

Grün-braun gemusterte *azulejos*, Portugals berühmte Wandfliesen, verzieren den schmalen Hauseingang, in dem Manuela Cutileira steht. Das Haar der letzten Puppenärztin Lissabons ist sorgfältig frisiert, ihr Kostüm perfekt und adrett, ruhig und edel wirkt ihre Ausstrahlung. Von der Hausnummer 7 blickt sie auf den Praça da Figueira, jenen Platz im Herzen Lissabons, der einst als Ort der Zusammenkunft und des Handels galt. Früher fand das bunte Treiben freiwillig und innerhalb der stadtbekannten Markthalle statt, heute sind die kommerziellen Interaktionen auf dem quadratischen Platz zweckbedingt: Ein Landstreicherpaar spielt Gitarre und erbettelt sich ein bisschen Geld. Taxifahrer zanken sich vor den mit türkisfarbenen Dächern geschmückten Autos um die Kunden. Touristengruppen schlendern vorbei an Obdachlosen, die Rotwein aus Tetrapak trinken und verdrossenen Blickes auf ihr Leben zurückschauen.

Dona Cutileira starrt auf Schaufenster, auf denen in großen roten Lettern »*Liquidação*« und »*Promoções*« geschrieben steht und in denen sich Baukräne über jenen verlassenen Gebäuden spiegeln, die eher früher als später schicken Boutique-Hotels weichen müssen. Zwischen Strommasten und Kabeln möchten Feigenbäume in den Himmel ragen, kommen aber über das erste Stockwerk der angrenzenden Reihenhäuser der Unterstadt nicht hinaus. Und über all dem wacht, hoch zu Ross, die bronzene Statue von Portugals zehntem König, João I., auf dessen Kopf sich zwei Möwen um den Vorrang auf seinem federgeschmückten Helm streiten.

Glanz und Charme dieses Platzes verabschiedeten sich zusammen mit der Markthalle, das war kurz nach dem Zweiten Weltkrieg. Eisen war teuer und das metallene Dachkonstrukt des Marktes als geschmolzenes Gut mehr wert als in Form eines schützenden Bogens, unter dem Marktfrauen aus der Provinz ihre Güter feilboten. »Der gesamte Platz verwandelt sich in ein einziges Gasthaus«, sagt Dona Cutileira. »Lissabon wird ausverkauft an ausländische Investoren. Bald verwandelt sich diese Stadt, so wie ich sie noch kenne, in einen Ort wie jeder andere in Europa: Kettengeschäfte, Kettenhotels, Kettenrestaurants.« Eine Gruppe chinesischer Touristinnen hält vor ihrem Laden, schießt Selfies und eilt kichernd weiter.

Dona Cutileiras Laune tut das keinen Abbruch. »Alles kommt, wie es kommen soll«, sagt die zweiundsiebzigjährige *lisboeta*. »Darum haben wir Portugiesen wahrscheinlich auch *fado*, die musikalische Form der Melancholie.« Sie lächelt gelassen und verschwindet wieder hinter der Glastheke ihres Geschäfts. Vom Boden hebt sie eine Schuhschachtel auf, nimmt den Deckel ab und zieht eine Karte heraus. »Ich freue mich, Ihnen diese alten Stücke zu übergeben, da ich weiß, dass Sie ihnen Liebe und Aufmerksamkeit schenken und sie sich hier wohlfühlen werden«, steht von Hand darauf geschrieben.

Der Inhalt der Schachtel: zwei Pappmaché-Puppen aus den dreißiger Jahren, gebettet auf Seidenpapier und überzogen von einem hauchdünnen Film aus Nostalgie. Hergestellt von den Frauen der Zeitungsverkäufer, die aus den unverkauften Blättern Replikas der teuren Porzellanpuppen anfertigten, um sie in Lissabons Armenvierteln zu verkaufen. An manchen Körperstellen schimmern tatsächlich noch die Schlagzeilen von damals durch. Und könnten die Puppen sprechen, was wären sie für wahrhaft lebende Zeuginnen. »Meine Lieblingspuppen«, flüstert Dona Cutileira. »Davon gibt es weltweit keine zwei gleichen. Jede ist ein Unikat.« Aber sie sind in einem miserablen Zustand. Verunstaltet. Kopflos. Fragil. Kaputt! Tot? »Noch lange nicht«, sagt Dona Cutileira überzeugt, während sie die Puppen inspiziert. »Nur krank. Die kriegen wir wieder hin.« Willkommen im Hospital de Bonecas, dem ältesten Puppenkrankenhaus der Welt. Aber, der Reihe nach ...

Einst, als Lissabon noch ein Küstenstädtchen war, wo jeder Häuser und Namen der anderen kannte, gingen die Kinder an den Markttagen zu Dona Carlota, wenn den Puppen etwas fehlte. Die alte Dame saß vor einem Stand mit Kräutern und verkaufte eigenhändig hergestellte Stoffpuppen. Zudem fragten Kinder aus den angrenzenden Vierteln bei ihr um Rat und Tat für kaputtgegangene Spielsachen, und bald machte sich Dona Carlota als Lissabons erste Puppenärztin einen stadtbekannten Namen. 1830 eröffnete die Puppenheilerin schließlich ihre eigene Klinik am Praça da Figueira, Nummer 7. Ein Familienbetrieb, der mehrere Generationen lang weitergegeben wurde, bis keine eigenen Nachkommen mehr vorhanden waren. Also vermachte Dona Carlotas Familie das Spital an ihre Nachbarn und Freunde: die Großeltern von Manuela Cutileira. Seit einem Vierteljahrhundert trägt die pensionierte Volksschullehrerin mittlerweile selbst die Verantwortung als Geschäftsführerin beziehungsweise Krankenhausdirektorin. Das ist ihre Mission, keine Profession. »Eine Familienmission«, ergänzt Dona Cutileira, »meine Tochter Catarina führt das Spital irgendwann hoffentlich weiter. Wir machen das nicht als Arbeit, sondern für die Menschen.«

Sanft streicht sie mit der Hand über die Papierbeine ihrer Patientinnen. »Meine Kinder«, sagt sie und lächelt zufrieden. Dann notiert sie ein paar Zeilen auf ein Etikett und bindet dieses an die Puppenfüße. »Die Krankenakte«, sagt sie. Diese Beziehung ist eine sonderbare, wenngleich liebevolle, denn die Zuneigung, die Dona Cutileira diesen leblosen Körpern entgegenbringt, verrät bereits, dass es sich hierbei um kein normales Geschäft handelt.

Das Puppenspital reiht sich ein in ein Ensemble von Etablissements aus einer längst vergessenen Zeit, Fossile, die man nur von vergilbten Fotos kennt. Sie machen Lissabon zu jenem pittoresken Schmuckkästchen, wie es Touristen und Bewohner noch erleben können. Traditionsläden boomen nicht in Lissabon, sie überlebten, konserviert und revitalisiert mit der Hilfe von Mäzenen, Sozialunternehmern, Tourismusbehörden und zahlreichen Besuchern. Mitunter verfolgen sie seit Jahrhunderten ein einziges Kunsthandwerk, bearbeiten und verkaufen ein spezielles

Nischenprodukt, einen Schatz, genauso wie das vor einer Generation noch in vielen europäischen Städten zu finden war. In Lissabon gibt es davon etliche: Feinbäckereien, Geschäfte, die ausschließlich Konserven, Kaffee beziehungsweise Kerzen, oder auch Handschuhe, Sauerkirschlikör oder Messingbeschläge anbieten, und eben das Puppenspital. Seit knapp zweihundert Jahren werden in diesem Gebäude die zerbrochenen Kindheitserinnerungen von Puppenliebhabern repariert, oder geheilt, wie man hier sagt. Ob die Sehnsucht nach alten Dingen etwas mit Portugals *saudade* zu tun hat, der ach so schicksalhaften Sehnsucht?

»Es geht darum, die Seelen wiederzubeleben«, sagt Dona Cutileira. Sorgsam packt sie die Puppen zurück in die Schuhschachtel und steigt über eine knarrende Holztreppe von der Notaufnahme im Erdgeschoß in das eigentliche Spital, einen Stock höher. Dort, in einem geräumigen Altbau, sitzt Ermelinda Francisco einsam an einem Arbeitstisch, übersät mit Behältern, in denen sich Werkzeuge und Materialien tummeln: Garne, Stricke, Maschen, Knöpfe und Glitter. Die ehemalige Schneiderin ist eine von Dona Cutileiras sechs treuen Mitarbeiterinnen und zupft gerade an einer Patientin herum. Es sieht nach einer Armtransplantation aus. Kurz besprechen die beiden Damen den Fall der zwei neuen Schuhschachtelpuppen, ehe die Krankenhausdirektorin sich wieder zu Wort meldet.

»Das ist weder Quantenphysik noch ein Geheimnis«, sagt sie. »Jeder, der etwas im Kopf hat, kann das lernen.« Sofern man noch einen Kopf hat, denke ich. »Mit ein bisschen Vorstellungsvermögen und Geduld klappt das«, setzt Dona Cutileira fort.

Auch wenn die Frau nur schwer zu erheitern ist, wäre es übertrieben und respektlos, Dona Cutileira als humorlos zu bezeichnen. Dafür ist sie routiniert und hochprofessionell. Als sie meine Schwäche der portugiesischen Sprache erkennt, wechselt sie sofort in fließendes Französisch und erzählt mir jene Geschichte, die sie bereits Hunderte Male zuvor geschildert hat. Journalisten aus aller Welt betraten in den vergangenen fünfundzwanzig Jahren ihren Laden, um ein Interview mit der »eisernen Lady« zu bekommen. Wie Trophäen hängen Zeitungsartikel in Dutzenden Sprachen an den Wänden. Aus dem Ärmel schüttelt sie die immer gleichen Anekdoten, und was würde ich dafür geben, ein einziges Mal in Dona Cutileiras Seele hineinzusehen, um zu erfahren, was wirklich in ihr vorgeht.

Mit einer Engelsgeduld führt sie mich durch das Labyrinth im ersten Stock, das früher einmal eine Schule war. Die eine Hälfte der ehemaligen Klassenzimmer dient heute als das eigentliche Spital. Hier werden abgerissene Wimpern wieder eingesetzt, eingedrückte Augen zurechtgerückt, zertrümmerte Köpfe ausgewechselt, Hände angenäht, gebrochene Gliedmaßen ausgetauscht, zerbrochene Gesichter geklebt. Schnipseln, schneidern, stecken, malen, kleben, knüpfen. Dona Cutileira und ihre Kolleginnen bekommen beinahe alle Fälle wieder hin. »Wirklich schwierig zu reparieren sind die deutschen Celluloid-Puppen«, sagt Puppenärztin Ermelinda Francisco. »Da müssen wir oft teure Ersatzteile bestellen, denn das Material wird nach einiger Zeit so fragil, dass wir es nur mehr austauschen können.«

Mehrstöckige Holzstellagen, die zwar keine Betten sind, aber solche darstellen sollen, säumen die Gänge. Darin lagern Dona Cutileiras Patienten und Patientinnen: Puppen, Plüschtiere und Figuren aller Art. Aus Keramik, Stoff, Holz oder Plastik. Es sind Hunderte, nein Tausende. Hilfloses Spielzeug, mit viel Liebe, Zuneigung und Einsatz wieder auf Vordermann gebracht. »Ungefähr viertausend«, sagt Dona Cutileira, bevor ich dazu komme zu fragen. Aber ich zweifle. Es müssen Zehntausende sein. Der materielle Wert spielte für Dona Cutileira nie eine Rolle. »Gefühle kann man nicht mit Gold aufwiegen«, sagt sie. »Die wertvollste Puppe ist jene, die am meisten geliebt wurde. Wir wollen den tatsächlichen Wert und den Preis einer Puppe nicht wissen, denn wir sind kein Auktionshaus, sondern ein Spital, in dem wir uns um jede Puppe gleich kümmern, egal ob sie zehn oder zehntausend Euro wert ist.«

Aus Vitrinen und Kommoden, die noch aus den alten Klassenzimmern stammen, starren mich tote Augen an. Bleiche Köpfe, Arme und Beine von Generationen an Puppen liegen ordentlich sortiert in gläsernen Schubladen. Ersatzteillager an Körperteilen. »Jede dieser Puppen ist mit einem anderen Problem zu uns gekommen, wir haben sie geheilt und nun warten sie darauf, zu ihren Familien zurückzukehren. Aber manchmal liegt das in der Prioritätenliste der Menschen nicht gerade weit vorne.« Und so passiert es, dass manche Patienten bereits seit einem Jahrzehnt in der Obhut von Dona Cutileira sind.

Und auch bleiben? »Irgendwann kommen sie schon ihre Puppen holen. Vor allem um die Weihnachtszeit, denn dann erinnern sich viele an ihre Kindheit zurück. Aber wir haben keine Eile, die Kinder loszuwerden. An Platz mangelt es bei uns nicht.«

Dona Cutileira ist jener Typ Großmutter, die nicht nur im Lehnstuhl schaukelt und ihren Enkeln Märchen vorliest, während sie ihre selbst gebackenen Kekse verputzen. Sie mimt auch die strenge Version der Internatsaufseherin, die traditionsgemäß die Rolle der Über-Mutter fortsetzt und die Enkelkinder zum Aufessen, zum Zähneputzen und zum Schlafengehen mahnt, bevor sie sich mit einem Gutenachtkuss verabschiedet. Aber all das mit einer Besonnenheit und Ruhe, dass es beinahe gespenstisch wirkt. Wie in den anderen sechs ehemaligen Klassenzimmern, die heute eine Art Museum darstellen, oder wie Dona Cutileira es nennt, »große Kinderzimmer, denn ein Museum hat immer diesen Beigeschmack von alten, besonderen Ausstellungsstücken. Hier hat alles seinen Platz, ganz ohne Elitismus.« Alle Puppen sind gleich, wenn sie auch unterschiedlich aussehen. Wir sind umgeben von Puppen aus deutschem Celluloid, aus französischem Porzellan, aus portugiesischem Pappmaché und aus chinesischem Plastik. Barbies, Teddybären und andere Plüschtiere, Trolle, Actionfiguren, Schaufensterpuppen und auch sakrale Figuren. Ein Sammelsurium aus Geschenken und Aufträgen. Einzelstücke, Sammlereditionen, Massenware. Und mittendrin ein ausgestopfter Fuchs. Schrill, verstörend, bunt. Es sieht nach Chaos aus, aber alles hat seine Logik und seinen Platz. »Wenn wir einen neuen Patienten haben, fangen unsere Gehirne sofort an zu arbeiten, wo der passende Arm oder das passende Bein liegen könnte«, sagt sie. Und sie irren sich nie.

Eine besondere Nähe verspürt Dona Cutileira zu ihren Patienten dennoch nicht. »Ich bin im Besitz meiner eigenen Puppen, die ich sehr gerne habe. Puppen, die mir meine Großmutter geschenkt hat, Puppen mit einer Geschichte, die mich persönlich involviert. Aber meine Patienten hier habe ich alle gleich gern«, sagt sie. Alle Puppen würdigen, jede Patientin schätzen, nichts und niemanden entsorgen, so lauten die wichtigsten Regeln in der Puppenklinik. Ein Leichenschauhaus gibt es dennoch. Dort landen all jene, für die jede Hilfe zu spät kommt. Eine Besenkammer, bis an die Decke gefüllt mit nackten Puppenleichen, deren Gliedmaßen oder Rümpfe als Organspende für neue Patienten herhalten müssen. Es ist kein Ort, an dem ich über Nacht eingesperrt sein möchte, wenn einen Abertausende tote Puppenkörper umzingeln, ausgefranste Teddybärenköpfe, die zur Seiten kippen, oder einarmige Jesus-Babys strahlen, als erblickten sie gerade das Licht der Welt. Das Puppenkrankenhaus ist unheimlich, aber es ist eben auch ein Ort der Ruhe. Kein Maschinensurren, keine Menschenhorden und auch keine Fahrstuhlmusik, die aus versteckten Boxen trällert. Der Parkettboden knarrt bei jedem Schritt, der Zwirn raschelt beim Durchfädeln der Kostüme und die Gelenke klicken beim Zusammensetzen der Körper. Dazwischen hört man lediglich das Räuspern und Atmen von Dona Cutileiras fleißigen Elfinnen.

Ich halte inne und staune auf ein paar Figuren der Bärenwald-Familie. Sofort schwelge auch ich in Erinnerungen der achtziger Jahre. Dona Cutileira lächelt zufrieden. »Hier findet jeder irgendetwas aus seiner Kindheit. Niemand trennt sich gerne von den schönen Dingen im Leben.« Bevor ich mich für die spontane Führung bedanke, frage ich noch, ob das der Grund ist, warum sie das Puppenspital leitet? »Nein«, sagt sie ernüchtert und dann passiert es. Sie lacht, öffnet ihre Seele für einen kurzen Moment und ich bin der Glückliche, darf hineinblicken und erfahre Folgendes: »Die meisten Menschen sehnen sich nach ihrer Kindheit, und Puppen repräsentieren diese Zeit. Darum haben wir auch das Verlangen, diese in Ordnung zu bringen und halten an der Tradition fest. Ich denke, Puppen tun viel für unser Leben. Nicht wir beschützen sie, es sind die Puppen, die gut auf uns schauen. Sie haben das Privileg, uns zu beschützen.«

Zufrieden verlasse ich Dona Cutileiras Puppenklinik und denke über ihre Worte nach, ehe mich ein älterer Herr im dunklen Sakko anspricht, das aussieht, als würde er darin schlafen. »Viagra?«, fragt er. Ich lehne dankend ab, ebenso wie bei seinen weiteren Angeboten »Haschisch?«, »Marihuana?« und »Kokain?«. Die hübsch gerollten Päckchen, in Wahrheit gefüllt mit Zartbitterschokolade, Basilikum und Mehl, verschwinden wieder in seiner zerschlissenen Sakkotasche und er macht sich eilig davon, um die nächsten Passanten abzupassen. »Viagra?«, murmle ich verstört vor mich hin und überquere den Praça da Figueira.

# Das ewige Duell

Ein Sonntag im Dezember. Achtzehn Grad. Bunte Kanarienvögel zwitschern eingezwängt in ihren Käfigen, die aus den Fenstern hängen. Und an den Wäscheleinen trocknen Handtücher, Leintücher und Unterhosen. Ein paar Touristen schlendern durch die Gassen der Stadtviertel Alfama, Bairro Alto, Baixa Pombalina und Chiado, hin und wieder stolpern sie über die Kopfsteinpflaster. Aber wer tut das nicht in Lissabon? Ansonsten sind die Straßen an diesem sonnigen Tag leer. Wo verstecken sich die Menschen? Wohin sind sie verschwunden? Kurzerhand ausgewandert? Vom Erdboden verschluckt? Wie ein Gespenst treibt sich die Ruhe durch die portugiesische Hauptstadt, unterbrochen nur von den musikalischen Rufen der Scherenschleifer.

Eine halbe Million *lisboetas* sitzt zu Hause vor dem Fernseher, ähnlich wie rund acht Millionen in ganz Portugal und dreihundert weitere Millionen Zuseher weltweit – von Brasilien über Angola bis Osttimor, überall dort, wo die Portugiesen ihren kolonialen Fußabdruck hinterlassen haben. Etwa vierundsechzigtausend Bewohner belagern die »Kathedrale«, wie Portugals größte Sportarena im Volksmund heißt, oder schwirren um das Estádio da Luz herum. Und vierzig Personen starren gespannt auf einen Flachbildschirm in einer winzigen Spelunke in Alfama, denn an diesem Sonntag findet das mit Abstand wichtigste Fußballspiel des Jahres statt: das Lissabon-Derby. Benfica gegen Sporting, die Adler gegen die Löwen. Kurz: *dérbi eterno*, das ewige Duell. Dieses Mal besonders brisant, denn nur zwei Punkte trennen Benfica, den Ersten der portugiesischen Liga, von Verfolger Sporting auf dem zweiten Platz. Aber hier geht es um mehr als nur um die Tabellenführung. Es geht darum, die Nummer eins in der Hauptstadt zu sein. Es geht um die Ehre. Und am allerwichtigsten: Es geht darum, sich für die kommenden sechs Monate, also bis zum nächsten Stadtderby, die Verspottungsrechte gegenüber dem Lokalrivalen zu sichern.

Dunkle Hosen. Dunkle Schuhe. Dunkle Haare. Dunkle Gestalten. Schwarze und Weiße, Junge und Alte. Viele davon in roten Trikots. Achtunddreißig der vierzig Barbesucher sind Anhänger von Benfica Lissabon, einem der größten, nach Anzahl der Vereinsmitglieder sogar der zweitgrößte Fußballclub der Welt. Als waschechte *benfiquistas* werden sie schon bei der Geburt in ihren Verein eingeschrieben. Die zwei anderen Personen stechen heraus. Der eine bin ich, der andere ist ein Anhänger der gegnerischen Mannschaft, ein *sportingista*. Mit kahl rasiertem Kopf und gekleidet in den grün-weißen Vereinsfarben wagt er sich in die Höhle des Löwen: eine Benfica-Bar. Offensichtlich ist er geistig verwirrt oder lebensmüde, weswegen ich ihn den »Verrückten« taufe. Oder beides. Irgendetwas fehlt ihm sicher, abgesehen von seinen beiden Schneidezähnen, an deren Stelle nun eine dunkle Lücke nur spekulieren lässt, ob sich der Verrückte einmal verbissen hat oder ob er sich öfters in falschen Bars aufhält. Sofort hören die anwesenden Benfica-Unterstützer auf, ihre gesalzenen Lupini-Bohnen zu knabbern und nehmen den Verrückten in die Mangel. Ich sehe frische Narben, dicke Schnauzbärte und Panzerknackergesichter. Sie beschimpfen und bedrängen den armen Kerl. Unnettigkeiten werden miteinander ausgetauscht. Einer zerrt an seinem Shirt, um ihn aus der Bar zu bugsieren. Ob er ihn loswerden oder ihm das Leben retten möchte, bleibt unklar. Der Sporting-Fan lässt sich nicht verunsichern und bleibt, aber ihm ist sichtlich bewusst, auf welchen Schlamassel er sich da einlässt, vor allem wenn seine Mannschaft gewinnt. Oder etwa nicht? »*Sporting até morrer!*«, lautet der Kampfspruch der Grün-Weißen. »Sporting bis zum Tod!« Noch zwanzig Minuten bis zum Anstoß.

Einsam nimmt der Verrückte Platz an einem der fünf Tische, an den sich später auch ein Bub und ein Trunkenbold zu ihm gesellen. Das Kind wahrscheinlich aus unschuldigem Mitleid, der Alkoholiker, um einen Drink abzustauben. Mit Erfolg: Der *sportingista* spendiert dem Jungen ein Cola und dem Saufkumpanen ein Bier.

Viel Charme strahlt die Bar nicht gerade aus, dafür ist sie übersät mit Schals, Trikots, Postern und Wimpeln des Herzensvereins. Vergilbte Bilder erinnern an die erfolgreiche Clubvergangenheit von vor über fünfzig Jahren. Und Postkarten aus aller Welt deuten zaghaft an, dass auch ein Leben außerhalb des Fußballs existiert, wenngleich dieses beschränkt ist: Viele davon mit nackten Frauen darauf, Brüste von Tahiti bis Venezuela. Der Männeranteil in dem Raum ist verdächtig hoch, ähnlich wie auch im Stadion. Lediglich zwei Frauen haben sich hier eingefunden. Die meisten trinken Bier oder Schnaps, oder Bier mit Schnaps. Vereinzelt stechen Espressotassen heraus.

An der langen Glastheke bestelle ich ebenso eine Flasche Bier. »Benfica oder Sporting«, fragt der Barmann, dessen Oberkörper aussieht wie eines der Fässer, aus denen er Bier zapft. »Weder noch«, antworte ich, »Sagres.« Verwirrt schauen ein paar Benfica-Anhänger zu mir herüber, als er mir eine Flasche Sagres reicht. Sofort aber konzentrieren sie sich wieder auf den Fernseher, denn im Stadion dreht das Maskottchen ihres Vereins, ein dressierter Weißkopfseeadler namens Vitória, gerade seine rituellen Runden. Blitzlichtgewitter. An seinen Beinen flattern Bänder in den Vereinsfarben Rot und Weiß. Unter dem Beifall der Zuschauer, in der Arena ebenso wie in der eingefleischten Benfica-Bar, landet der Vogel siegessicher auf einem Podest. »Sieg für die Adler, Tod für die Löwen!«, ruft einer der Fans. »4:0« ein anderer, »4:1« ein Dritter. Niemand zweifelt an einem Sieg der *encarnados*, der Roten.

Dieser statistisch nicht nachvollziehbare Optimismus beruft sich auf die vergangenen hundertzehn Jahre und hat sich in den Köpfen der Unterstützer manifestiert: Denn in allen Aufeinandertreffen des ewigen Duells gewannen die Adler insgesamt hundertdreißigmal gegen Sporting, führen damit aber nur hauchdünn. Hundertachtmal hingegen hatten sie das Nachsehen gegen den Nachbarn. In den restlichen eindundsechzig Partien gab es keinen Gewinner.

Die Barbesucher schießen Selfies und verspotten den einsamen Sporting-Fan nach Strich und Faden. Mit einem Mal aber bricht die Stimmung zusammen und Ruhe kehrt ein, als die Benfica-Hymne »Ser Benfiquista« erklingt, ein musikalisches Relikt aus den fünfziger Jahren. Sogar der Barbetrieb hält an. Wie bei einem sektenähnlichen Gebet schwebt fast andächtige Stille durch den Raum, einige Fans summen die alte Leier mit. Um sie herum existiert nichts mehr. Ich könnte eine Bombe zünden, ihre Familien entführen oder ihre Autos zerkratzen, sie würden es nicht bemerken. Ein guter Zeitpunkt für ein wenig Statistik und Geschichte.

Exakt zweitausendzweihundertneunzig Meter Luftlinie liegen zwischen den beiden Fußballtempeln von Lissabon, keine dreißig Gehminuten entlang jener Schnellstraße, die den Namen der portugiesischen Fußballlegende, des Ex-Benficaspielers Eusebio, trägt – und doch trennen die beiden Vereine Welten. Die Lissabonner Clubs erfreuen sich weltweit größter Beliebtheit und haben zusammen seit 1934 insgesamt dreiundfünfzig Meistertitel gewonnen. Als portugiesischer Fußball-Rekordmeister und international erfolgreicher Pokalgewinner liegt Benfica jedoch mehr als nur eine Nasenlänge vor Sporting.

Von gegenseitigem Respekt zu sprechen, wäre allerdings etwas überholt, denn die Rivalität der beiden Vereine beginnt im Jahr 1907. Damals wechselten acht Spieler von den Adlern (dem zu dieser

Zeit noch unter dem Namen Sport Lissabon bekannten Arbeiterverein) zu dem künftigen Dauerrivalen Sporting über, einem neuen Verein, gegründet und erhalten mit Mitteln aus dem portugiesischen Adel. Über den Grund des Transfers zanken sich die *lisboetas* bis heute. »Bessere Arbeitsbedingungen«, spekulieren die *benfiquistas* und belächeln den verfeindeten »Schnöselclub«. »Eine Rebellion, ein Protest gegen das Exklusivrecht Benficas, ausschließlich portugiesische Spieler zu verpflichten und gute ausländische Spieler auf der Bank verschimmeln zu lassen«, behaupten die Fans in Grün-Weiß. Als ob das noch nicht reichte, verlor Benfica das erste Spiel gegen die neugegründeten Löwen dann auch prompt mit 1:2.

Seit Jahrzehnten allerdings häufen sich die sportlichen Misserfolge der beiden Vereine und die Lissabonner Traditionsclubs kommen im internationalen Fußball nur mehr als Randfiguren vor. Benfica verlor insgesamt acht europäische Finalspiele seit 1962, die Löwen hingegen holten ihren letzten internationalen Titel gar vor dreiundfünfzig Jahren.

Anpfiff! Endlich fängt das Spiel an. Als Sporting, nach rund fünf Minuten, die erste Torchance vergibt, stockt allen Anwesenden der Atem. Nur der Verrückte springt vom Sessel. »Ab ins Krankenhaus«, brüllt er kurz darauf, als ein Benfica-Spieler angeschlagen zu Boden fällt. Lautstark kommentiert die Gegenseite jeden Fehlpass, und als der Ball über einen Papierknäuel auf dem Spielfeld holpert, zuckt die Menge komplett aus – wenngleich der Zwischenfall keineswegs das Spiel beeinflusst. »Schiebung!«, ruft einer. So richtig will in der Benfica-Bar keine Freude aufkommen. Als ob Freund *saudade* seinen Trauerschleier auch über den nationalen Fußball gelegt hätte.

In der vierundzwanzigsten Minute aber scheint die Sonne wieder. Die Roten erzielen das erste Tor und die Menge tobt, grölt »Benfica, Benfica«-Sprechchöre. Goldkettchen rasseln, Ohrringe klimpern, Vokuhilas flattern auf und ab. Man umarmt einander. Der Verrückte läuft schimpfend auf die Straße hinaus. Unter dem Gelächter der Roten wirft er die Arme nach links und rechts, schreit »Foul« und »Abseits«, bevor er wieder in die Bar trottet und sich schweigend setzt. Die Spelunke verwandelt sich in einen Hexenkessel. Im Minutentakt erhöht der Barmann die Lautstärke des Fernsehers, bis der Pegel die maximale Stufe erreicht. Kurz vor der Pause vergibt Benfica die Chance auf das 2:0. Ein Raunen fährt durch den Raum.

Halbzeitpfiff. Von einer Sekunde auf die andere ist die Kneipe wie ausgestorben. Alles steht draußen, raucht und philosophiert über das Spiel. Plötzlich ist es wieder still, als hätte jemand den Ton in der Welt auf lautlos gestellt. Nur leise klimpern die leeren Bierflaschen, die der Barmann von den Tischen einsammelt.

In der zweiten Spielhälfte trennt Freud und Leid nur ein schmaler Grat. Sporting schießt kurz nach Anpfiff an die Stange. Im Gegenzug erzielt Benfica das zweite Tor. Während die Fans im Stadion bengalische Feuer entzünden, wiederholt sich die Stimmungsexplosion im Raum. Der Verrückte tobt.

»Noch zwei!«, schreit der Barmann und alles johlt. Kollektiver Wahnsinn.

Die nächsten zwanzig Minuten üben die Löwen Druck aus und belohnen sich auch dafür: In der neunundsechzigsten Minute schreit sich in der Bar nur einer die Seele aus dem Hals und klopft frenetisch mit einer Zeitung auf den Tisch. Tor für die Grün-Weißen! Kommt noch einmal Bewegung in das Spiel? Nein! Es dümpelt vor sich hin. Die Adler stellen sich hinten rein und verteidigen um ihr Leben. Die Löwen hingegen versuchen mit aller Kraft zu stürmen, bleiben aber erfolglos – auch dank des Benfica-Torhüters, der sein Team mehrmals vor dem Ausgleichstreffer bewahrt.

Fünf Minuten vor dem Spielende blicke ich in angespannte Gesichter bei den Benfica-Anhängern. Einige falten die Hände zum Gebet, andere halten ihre goldenen Kreuzanhänger fest. Möge der Fußballgott sie erhören! Religion kommt an erster Stelle in dieser zutiefst katholischen Stadt, an zweiter das ewige Duell. Nur der Verrückte verhält sich verdächtig ruhig. Hat er die Niederlage bereits akzeptiert? Meter um Meter erkämpft sich Sporting das Spielfeld, aber um nichts in der Welt will das Runde ins Eckige. Die einen wollen die Partie nur mehr hinter sich bringen, die anderen drängen auf den Ausgleich. Nerven liegen blank: bei den Trainern, bei den Spielern und bei den Anhängern – auch in der Bar. Niemanden hält es mehr auf den Sitzen, Mittelfinger ragen in die Höhe, Schimpfwörter fallen. »Der braucht Viagra, sonst bringt er's nicht«, schreit einer nach einem miserabel getretenen Freistoß.

Nach neunzig Minuten ertönt der erlösende Schlusspfiff. 2:1 für Benfica. Alles in allem ein schwaches Match und ein glücklicher Sieg für die Adler. »Egal«, schreit der Barmann zufrieden, »Hauptsache, wir haben gewonnen!« Eine Gleichgültigkeit, die nicht vorgetäuscht ist. Er dreht den Ton des Fernsehers ab und spielt lautstark die Benfica-Hymne. Diesmal singen die Fans mit und tanzen miteinander, wirbeln ihre Schals und feiern ausgelassen. Der Verrückte verlässt frustriert die Bar. Manche wollen ihm die Hand reichen, aber er verweigert und verschwindet still in der Dunkelheit von Alfama.

Stunden später noch feiert halb Lissabon den Sieg, während die andere Hälfte der Stadt einem lausigen Kollektivkater am nächsten Tag entgegenblickt und die Schlagzeile »Gut geschlagen« im Fußballmedium *A Bola* verdauen muss. Benfica behält die Vorherrschaft in der Hauptstadt. Zumindest für die nächsten sechs Monate.

# Baixa Pombalina

Leise fällt die Sicherheitstür ins Schloss. Als es sanft klickt, beginnt die Leuchtanzeige über dem Türrahmen von 60:00 herunterzuzählen und gleichzeitig mein Adrenalin zu steigen. In roten Ziffern läuft der Sekundentakt: noch 59:58 Minuten.

Ich bin eingesperrt in einem kühlen Raum, so winzig, dass gerade einmal ein Tischtennistisch darin Platz hätte. Stattdessen finde ich darin aber meine drei Mitstreiter: Silvia aus Spanien, Marco aus Italien und Aneta aus Tschechien. Aufgrund des dunkelroten Lichts kann ich ihre Gesichter kaum erkennen. Innerhalb der verbleibenden Zeit müssen wir wieder raus – sonst haben wir verloren. Nur ein Weg führt ins Freie: durch diese Tür, die sich erst öffnet, wenn wir alle Rätsel und Aufgaben gelöst und alle Passwörter richtig entschlüsselt haben, die wir in diesem Raum vorfinden.

Ein guter Zeitpunkt, um zu erwähnen, dass wir freiwillig hier sind. Wir haben sogar dafür bezahlt, uns einsperren zu lassen und Sherlock Holmes zu spielen. »Escape Hunt« ist ein reales Detektivspiel, dessen Ziel darin besteht, innerhalb von einer Stunde aus einer simulierten Gefangenschaft zu entkommen. Durch das Lösen von einem Dutzend Zwischenrätsel, dem Finden versteckter Schlüssel oder anderer Gegenstände sowie dem Entziffern geheimer Botschaften durchlaufen die Teilnehmer ein bestimmtes Thema. Allgemeinwissen und Muskelkraft brauchen die Spieler nicht. Vielmehr sind Hausverstand sowie Erfahrung mit Puzzles und jenen Computerspielen gefragt, aus denen sich die realen Escape-Games entwickelt haben. »Die Erfolgsquote, den Spielraum innerhalb einer Stunde wieder zu verlassen, liegt bei etwa dreißig Prozent«, sagt Mitarbeiterin Joana, bevor sie uns vor dem Betreten des präparierten Raumes die Spielregeln erklärt. Gut, damit nimmt sie uns zumindest den Druck. »Aber das schnellste Team hat es in vierunddreißig Minuten geschafft!«, ergänzt die Siebenundzwanzigjährige. Verdammt! Blamieren wollen wir uns schließlich auch nicht.

Zuvor mussten wir unsere Hosentaschen entleeren, Mobiltelefone, Notizblock und Kugelschreiber abgeben. Wir sind auf uns alleine gestellt und aufeinander angewiesen. Das klingt nach einer Kreuzung aus James Bond und Indiana Jones, mit der Mission, die Welt zu retten – und für so manchen auch ein wenig nach Folter. »Wie kommen wir hier nur wieder raus?«, fragt Aneta besorgt. Dann beginnt die Erde unter unseren Füßen zu beben. Die Zeit beamt uns zurück an einen Sonntag, den ersten November 1755. Allerheiligen, der Tag der Toten. 09:30 Uhr Ortszeit. Eine der verheerendsten Naturkatastrophen in der Geschichte Europas, die das menschliche Weltbild für immer nachhaltig erschütterte, passiert: Das Beben von Lissabon. Zuerst erfolgt ein minutenlanger Erdstoß, sechsmal stärker als jener in Fukushima. Das Epizentrum liegt südwestlich von Lissabon, rund zweihundert Kilometer vor der Küste Portugals. Drei Viertel der Stadt fallen in sich zusammen. Danach folgt ein turmhoher Tsunami, der die Überreste der Unterstadt wegschwemmt. Schließlich entfachen Kerzen und Herdfeuer in den Holzbauten einen tagelangen Großbrand, der den Rest der Stadt verwüstet. Eine Staubwolke verdunkelt den Himmel über der damals viertgrößten Stadt der Welt. »Gott hat Lissabon verflucht«, prangern die Theologen an und lösen damit einen Diskurs aus, dem sich die Wissenschaft, allen voran die Philosophen von Kant bis Voltaire, entgegenstellen. Dennoch: Lissabon ist zerstört. Bis zu sechzigtausend Menschen sterben – verschüttet, verbrannt, vom Meer verschluckt.

»Abgefahren«, sagt Marco und staunt. Zu unserem Glück passiert all das nicht in der Realität, sondern findet auf animierten Bildern und über einen Lautsprecher statt. Das rote Deckenlicht flackert, bleibt aber erhalten. Einstürzende Bauten und schreiende Menschen sind zu hören. Einen bleibenden Eindruck hinterlässt das Beben von Lissabon dennoch bei meinen drei Mitstreitern und mir, nicht zuletzt da es die Basis dafür bildet, dass wir wieder aus dem Raum gelangen. Wir sollen dem damaligen Minister und später ernannten Marquis von Pombal beim Wiederaufbau Lissabons helfen, indem wir knifflige Aufgaben lösen. Er war der geniale Erfinder und symbolische Architekt jener erdbebensicheren Bauten, die entlang sieben parallel verlaufender Straßen das heutige Lissabon schmücken. Ihm verdankt die portugiesische Hauptstadt ihre heutige Existenz, nachdem sie beinahe ausgelöscht worden war. Vor allem das Zentrum und die elegante Unterstadt tragen seine Handschrift und heißen ihm zu Ehren auch Baixa Pombalina. Der Marquis von Pombal, mit bürgerlichem Namen Sebastião José Carvalho e Mello, legte auch den Grundstein für die moderne Seismologie. Er war es, der Daten und Fakten über die Dauer des zerstörenden Ereignisses erfassen ließ, die Anzahl der Nachbeben und die entstandenen Schäden an den Bauten. Erst zwei Jahrhunderte später können Wissenschafter das Beben von Lissabon mit einer Stärke von achteinhalb bis neun auf der Richterskala einstufen, denn Messmethoden gab es damals keine, und es dauerte noch weitere hundertfünfundvierzig Jahre, bevor der namensgebende Herr Richter überhaupt erst geboren wurde.

Wir sind überwältigt, irren planlos im Raum umher, wissen nicht, was zu tun ist. Dumpf spricht eine Stimme zu uns über den Lautsprecher: »Identifiziert die Toten.« An den Wänden hängen Plakate von vermissten Personen: Frauen, Kinder, ein dicker Mann. Getrennt durch eine Glasscheibe sehen wir unter unseren Füßen ein Labyrinth mit Figuren darin. »Holt sie dort raus«, befiehlt die Stimme. Auf Knien versuchen wir die Glasscheibe zu entfernen, aber der Boden ist versiegelt. Zügig rast der Countdown herunter, ehe Aneta einen doppelten Boden im Parkett entdeckt, den sie schnell aufreißt. Sein Inhalt: zwei handtellergroße Magneten. »Was sollen wir nur damit?«, fragt sie verblüfft. Ahnungsloses Staunen vier erwachsener Menschen mit akademischen Titeln.

Aber hier ist Wissen unnütz. Verstand ist gefragt, stattdessen herrscht Stille. Nur ein raunendes Brummen hallt durchgehend über die Lautsprecher, um unsere Konzentration zu stören. »Die Figuren!«, leuchtet es mir ein. »Vielleicht sind sie aus Metall!« Ich schnappe einen Magneten und setze ihn auf dem gläsernen Boden ab, direkt über dem Kopf einer Figur. Und tatsächlich. Sie bewegt sich. »Kinderspiel«, denke ich und lotse sie durch das Labyrinth heraus. Es ist und bleibt meine einzige glorreiche Eingebung innerhalb dieser sechzig Minuten. Auch Marco fungiert mehr als Statist und Ausführer von Anweisungen und beweist nicht gerade detektivisches Gespür. Es sind die weiblichen Gehirne, die Ausdauer, Geschick und Logik zeigen und uns weiterbringen in dieser schwierigen Lage. Nachdem wir alle Toten identifiziert und mit den Personen an den Postern abgeglichen haben, ist das Schloss geknackt. Eine Tür öffnet sich und ein weiteres Zimmer kommt zum Vorschein, das ins Dunkel führt. Auf dem Boden darin steht eine Holztruhe mit einem versperrten Vorhängeschloss. Zu früh gefreut, das Spiel läuft weiter. Wäre sonst ja auch zu einfach gewesen. Neue Enigmen und Aufgaben, die wir lösen müssen. Ein Wettlauf gegen die Zeit. Noch 43:27 Minuten.

Aus den Detektivspielen ist ein Trend entstanden, der in den vergangenen Jahren weltweit immer mehr Zulauf findet. In vielen Städten und in etlichen Varianten sprießen diese Spielräume aus dem Boden. Ein Franchise-Konzept, das funktioniert, ganz nach dem Motto: »Aus der Alltagsroutine ausbrechen und einmal im Leben Detektiv spielen!« Weihnachtsfeiern, Junggesellenabende, Geburtstage und regnerische Wochenenden werden in diesen Kammern verbracht. Aber auch Firmen schicken ihre Mitarbeiter in die Escape-Räume, um Kommunikation und Gruppenbildung innerhalb des Teams zu verstärken. Das gemeinsame Erarbeiten der Lösungen schweißt zusammen. In Portugal gibt es einen einzigen Ort, wo Interessenten »Escape Hunt« spielen können: in der Rua dos Douradores, mitten im Baixa Pombalina.

Ich erhoffte mir, während des Detektivspiels etwas über das Beben und seine Folgen zu erfahren, ernüchterte aber bereits im Vorfeld. »Das Beben ist nur ein Aufhänger«, versichert Mitarbeiterin Joana. »Jeder Raum passt sich thematisch und inhaltlich an das jeweilige Land an.« In Lissabon stehen neben der verheerenden Naturkatastrophe auch Themen aus Religion und Kultur zur Auswahl: die geheimen Rätsel der Illuminaten einerseits sowie das literarische Vermächtnis des portugiesischen Nationalpoeten Fernando Pessoa andererseits.«

Das nächste Mal, als ich auf die Uhr blicke, ist klar, dass wir den Rekord mit Sicherheit nicht brechen. Mittlerweile sind weitere zwanzig Minuten vergangen und wir hängen noch immer in dem düsteren Zimmer fest, dessen Wände wir nach Verstecken abtasten. Rätsel um Rätsel lösen wir, oder besser gesagt Silvia und Aneta, bevor sich endlich eine weitere Tür öffnet und wir in ein neues Zimmer vordringen.

Erstmals erwache ich aus meiner Trance und realisiere, dass mich das Spiel verschluckt und die letzten zwanzig Minuten nicht wieder ausgespuckt hat. Spurlos ist die Zeit an mir vorübergegangen, ohne dass ich es bemerkt habe. Auch mich hat eine

Kombination aus Stress und Ehrgeiz gepackt. Eine Rechenaufgabe steht an. Wieso nur starren alle erwartungsvoll zu mir? Sehe ich aus, als wäre ich ein Mathematikgenie? B=A-2, C=B+4, D=Cx2. Ganz schön knifflig. »Was ist A?«, frage ich völlig entgeistert. Marco entdeckt ein leeres Blatt Papier und hält es gegen die einzige Lampe im Raum. Auf dem Zettel steht geschrieben: A=∑Δ-36. Das klingt nach Gleichungen aus der fünften Klasse Mathematikunterricht. Verdammt harte Nuss! Ich habe keinen blassen Schimmer. Wieder einmal sind es die Frauen, die mich aus dem Dreck ziehen. »Die Anzahl der Dreiecke an der Wand«, ruft Silvia und fängt hektisch an, diese zu zählen. »Minus sechsunddreißig«, ergänzt Aneta. Jede Lösung knüpft logisch an das nächste Rätsel an. Wer lässt sich so einen Wahnsinn einfallen? Und vielmehr, wer kommt auf solche Lösungen? Wenigstens liegt diese Antwort auf der Hand: meine beiden Mitstreiterinnen. Also, der Reihe nach. Achtunddreißig Dreiecke an der Wand minus sechsunddreißig, das ergibt: A=2. Und daher: B=0, C=4, D=8. Wir richten die Geheimschubladen in dem hölzernen Tisch nach der Zahlenkombination aus und warten gespannt. Wieder klickt es und der Schreibtisch öffnet sich. Silvia zieht die zwei an der Wand fehlenden Dreiecke aus der Schublade. Nun sind sie komplett und wir kommen dem finalen Code endlich näher. Noch 16:05 Minuten. »Ob sich das ausgeht?«, frage ich mich und komme mir vor wie während eines Assessment-Centers: Mehrere Deckenkameras beobachten, wer sich innerhalb der Gruppe wie verhält. Ist der Bewerber zu auffällig, gibt es Strafpunkte. Verschwindet er unter den Mitstreitern ebenso. Also, aktive Teilnahme ist gefragt, aber weder Klugscheißerei noch Hochnäsigkeit. Ich erinnere mich an die einführenden Worte von Spielleiterin Joana zurück: »Die Videoüberwachung dient zu eurem Schutz, sie ist nur für den Fall, dass jemand durchdreht. Außerdem sehe ich, falls ihr nicht mehr vorankommt und kann euch so Hinweise geben.«

Die letzte Aufgabe: Ein Kompass zeigt uns den finalen Zahlencode, mit dem sich die Tür öffnet: 211°. Nur mehr zehn Sekunden. »Zweihundertelf?«, frage ich nervös. Die Gruppe ist sich einig. Viel Wahl bleibt ohnedies nicht. Noch fünf Sekunden. Hastig tippe ich das Passwort auf den dafür vorhergesehenen Drehschaltern ein. Vier Sekunden! Die LED-Lampe schaltet nicht auf Grün um, sondern bleibt Rot. Drei Sekunden! Die Tür bleibt verschlossen. Zwei, eins. Aus! Plötzlich grelles Licht, das in unseren Augen schmerzt. Die Tür öffnet sich und Joana steckt den Kopf herein. »Zweihundertfünfzehn lautete der Code«, sagt sie vorsichtig. Zuerst sind wir erleichtert, dass der Wahnsinn vorbei ist, dann jedoch niedergeschlagen. Und ausgelaugt, wie nach einem Marathon. »Ihr habt die Zahl falsch abgelesen vom Kompass, denn dieser funktioniert nur in Fünfer-Schritten. Nach zweihundertzehn folgt demnach zweihundertfünfzehn, nicht zweihundertelf.« Eigentlich logisch, aber wer achtet schon auf Präzision und Details, vor allem wenn es brenzlig zugeht? Einer mit Sicherheit: der Marquis von Pombal. Seine Bauten stehen immer noch.

# Alles ist »fado«

Der Kellner dimmt das Licht im Lokal. Kerzenflammen flackern aufgrund des heulenden Luftzugs, der sich unterhalb der schweren Eichentür und durch die Spalten in den alten Fensterrahmen hereinschmuggelt und dabei akustisch an ein verendendes Tier erinnert. Draußen peitscht der Regen durch die Nacht, als stünde wieder einmal der Weltuntergang kurz bevor. Drinnen riecht es nach verbranntem Fett gebratener *Chouriço*-Würste und muffigen Schiebermützen. Die Stube ist klein und kuschelig gefüllt. Rund dreißig Personen warten andächtig. Niemand traut sich mehr zu sprechen, auch die beiden Kellner haben aufgehört zu servieren und abzuräumen. Die Stille unterbrechen lediglich das Zurechtrücken von Sesseln, sich räuspernde Gäste und das Klimpern der Eiswürfel im Glaskrug, der mit billigem Sangria angefüllt ist.

In einer hinteren Ecke funkeln Manschettenknöpfe, ein Ring und eine goldene Uhr im fahlen Kerzenschein. Zwar lässt sich in der Dunkelheit eine Gestalt erahnen, aber ob es der Tod oder der Pate höchstpersönlich ist, bleibt vorerst offen.

Tuschelnd besprechen die beiden Gitarristen die nächste Nummer, bevor urplötzlich ihre Finger über die Saiten flitzen, daran zupfen und sie streichen. Wärmend-trauriges Gitarrengeklimper mit hohen Tönen, das zu Tränen rührt. Einer der beiden, Luís ist sein Name, nimmt die Gitarre richtig ins Gebet, als wäre sie eine Verlängerung seiner selbst. Unter den geschlossenen Augen verbirgt er höchste Konzentration. Und kurz darauf durchschneidet seine Stimme den Raum, so voll mit Schmerz, dass mir unwohl wird. Tief unten in der Seele sticht es. Und genau diesen Schmerz lässt Luís nun schluchzend und schleppend aus seiner Kehle heraus, sodass man ihn gleich wieder mit Portwein hinunterspülen möchte. Glasweise, Flaschenweise, Fassweise. »*Acontece fado*«, brummt leise der Lokalbetreiber mit den glasigen Augen, der neben mir Platz genommen hat. »*Fado* passiert«, soll das heißen und bezeichnet jenen seltenen Moment, in dem die Musik, der *fadista* und das Publikum miteinander verschmelzen. »Schscht«, raunt es sofort durch den Raum. Luís' gesungene Worte klingen so verzerrt, das ich inhaltlich nichts verstehe – und doch weiß ich sinngemäß, wovon er spricht, verstehe Wort für Wort, Strophe für Strophe. Denn Freund Luís teilt sich über seine Emotionen mit. Er singt von Mutterliebe und Kindheitserinnerungen, die einen unsichtbaren Dämon namens Melancholie mit sich bringen, über Vergangenes und Unendliches sowie über generellen Weltschmerz – kein Wunder: Gerade eben kürte sich Donald Trump zum neuen Präsidenten Amerikas. Wem tut das nicht weh? Aber während die Welt immer mehr aus den Fugen gerät, bleibt in Lissabon alles gleich. Wie immer.

Kaum ist das Lied vorbei, fühle ich mich wie nach einem Ritt in der emotionalen Hochschaubahn. Auf kurze, knackige Anstiege folgen Tiefs, die weit unter die Erdoberfläche reichen und gar nicht mehr enden wollen. Meine Augen stehen sperrangelweit offen, der Kopf brummt. Ich blicke in ernste, angespannte Gesichter in der Stube, benommen wie unter Medikamenteneinfluss. Das also ist *fado*, dieser markant-monotone akustische Wahnsinn Portugals, der durch das Gehör in Mark und Bein fließt, wie einer dieser kalten und feuchten Regentage im winterlichen Lissabon. Müsste man die Stadt in ihren Klängen erfassen, wäre *fado* unerlässlich. In jedem Lied erzählt *fado* ein Stück vom Leben, wenngleich in ihm selbst nur bedingt Leben steckt, da ihn die Monotonie fest im Würgegriff hält. Und dennoch ist er unterhaltsam, irgendwie.

*Fado* ist tiefschwarz und dunkel und klingt wie Blues, aber ohne den Einfluss afroamerikanischer Rhythmen, dafür begleitet von einem birnenförmigen, zwölfsaitigen Instrument, das aussieht wie eine Laute: die portugiesische Gitarre. *Fado*-Texte lesen sich wie ein Gemisch aus betrunkener Poesie und nostalgischer Lyrik mit immer gleichem Inhalt: dem ach so miserablen Schicksal, das immer wieder mal bei dir vorbeischaut und dich verschluckt, bevor es dich wieder ausspuckt, ehe du noch Zeit hast, endgültig abzudanken. Du überlebst gerade noch, trägst aber erheblichen Schaden davon. Zum Sterben zu viel, zum Leben zu wenig. Viele Portugiesen haben einen Hang zu diesen nostalgischen, schwermütigen Balladen, wie auch Bosnier, Kurden, Perser und Afghanen.

Luís fällt innerlich zusammen, als ihn die Zuseher mit tosendem Applaus erlösen. Sein Höllenritt ist vorbei, und unserer auch. Bis zum nächsten Lied, wo er uns wieder für einen Augenblick in seine Seele schauen lässt – und genau hier fängt das Problem, mein Problem mit *fado* an. In kleinen Dosen tut *fado* gut und ist wunderbar ergreifend. Es sind schmerzhaft-schöne Stiche ins Herz, die kurz zwicken und brennen, immer und immer wieder, wie Whiskey-Shots. Sie hinterlassen Wärme und Schlagseite. Melancholische Menschen brauchen diese Mittel, um zu überleben. *Fado* in Überdosis hingegen ist einfach nur schmerzhaft – für die Zuhörer ebenso wie für den *fadista* selbst. In mir vergrault das Gejammer Leib und Seele, wirkt wie ein Horrortrip über kurvige Bergstraßen zur Mittagszeit im Hochsommer, mit einem üblen Kater im Kopf. Aber ja, so geht es mir, wie gesagt: In Portugal stehen die Leute drauf.

Um seinen Rachen zu reinigen, nippt Luís in der Gesangspause an seinem Weinglas. »Alles ist *fado*«, spricht er durch den Alkoholdunst. »Es ist unser Lebenselixier.« Ein Zaubertrank, dessen Rezept nicht gelehrt werden kann, denn entweder kommt man als *fadista* zur Welt oder lässt es besser gleich bleiben. »So will es unsere Tradition«, sagt Luís. »*Fadista* sein ist kein Beruf, den du erlernen kannst, sondern eine Berufung.« Während ich also an portugiesischen Universitäten so ziemlich alles studieren könnte, vom Restaurieren von Spielpuppen bis hin zum Bemalen von Wandkacheln, ist *fado* ein Geschenk Gottes, ein Talent, das es zu fördern gilt. Angehende *fadistas* lernen die Musik auf mittelalterliche Art: von den alten Meistern, durch Zuhören, Nachsingen und Fehlermachen. Luís kam bereits als Kind in Kontakt mit *fado*, da sein Vater, Luís senior, ebenfalls *fadista* ist. Der wiederum bekam die musikalische Melancholie von seinem Vater eingehaucht, und dieser von Luís' Urgroßvater. Und so geht die Familiengeschichte zurück, bis sie sich irgendwo verliert im legendenhaften Ursprung des *fado* Anfang des 19. Jahrhunderts. Die einen werden traditionsgemäß Hirten, Bauern oder Wirte, andere haben den Drang, ihre schicksalhaften Emotionen über Gesang zu entfalten, in ihren Genen.

Und wenn ein *fadista* von *fado* spricht, dann muss im gleichen Atemzug auch irgendwann dieses sagenumwobene Wort *saudade* fallen, denn die beiden erscheinen immer im Doppelpack – zumindest in den Touristenbroschüren, die an jeder Straßenecke Lissabons im Wind taumeln. *Saudade*, dieses angeblich unübersetzbare Wort, das so etwas wie Sehnsucht bedeuten soll, gehört – unumstritten – den Portugiesen. Und nur Portugiesen können dieses Wort verstehen, sagen die Portugiesen, denn *saudade* beschreibt den Urgemütszustand der Bewohner. Wonach sehnen sich also die *fadistas*? Nach Liebe? Nach der Heimat? Nach einem weiteren Glas Wein? Nur das Schicksal weiß es.

Ob portugiesische Seefahrer oder brasilianische Hofbarden daran Schuld sind, dass *fado* heute in Lissabon zu Hause ist, kann niemand genau sagen. Auch nicht *Fado*-Experte Rui Vieira Nery, den ich in seinem Büro in der Gulbenkian-Stiftung besuche. Er ist einer jener seltenen Menschen, deren Lebensaufgabe darin besteht, die Geschichte des *fado* zu verschriftlichen und dieses besondere Musikgenre wissenschaftlich aufzuarbeiten. Der Universitätsprofessor leitete auch jenes Team, bestehend aus Akademikern und bekannten *fadistas*, dem Portugal zu verdanken hat, dass *fado* seit 2011 als immaterielles Weltkulturerbe auf der UNESCO-Liste geschrieben steht. »*Fado* ist ein Symbol nationaler Identität«, sagt Vieira Nery, dessen Worte Eindruck und Gewicht hinterlassen. Sein Vater, Raul, zählte zu den bekanntesten Spielern der portugiesischen Gitarre und begleitete damit fünfzig Jahre lang so ziemlich jeden *fadista* instrumental, der Rang und Namen hatte. Als Sohn eines waschechten *fadista* wäre Vieira Nerys Lebensweg, streng genommen, nicht nur vorgegeben gewesen, sondern auch angeboren. Schließlich wuchs der heute sechzigjährige Musikwissenschafter und Historiker mit der Musik seines Vaters auf. Für eine Karriere als *fadista* reichte es schlussendlich zwar nicht, *fado* beeinflusste Vieira Nery aber dennoch sein Leben lang und bewog ihn dazu, sich auch wissenschaftlich damit auseinanderzusetzen.

Angefangen hat die Geschichte des *fado* höchstwahrscheinlich als Straßentanz afrobrasilianischer Bewohner im kolonialem Brasilien. Das war im frühen 19. Jahrhundert. Bis zu den kapverdischen Inseln, die auf halber Strecke der transatlantischen Sklavenroute zwischen Brasilien und Portugal liegen, vermischte sich der Stil auch mit den Wehklängen der portugiesischen Seefahrer, die sich nach ihrer Heimat sehnten. *Saudade* lässt grüßen! Und auf den Kapverden beheimatete Musik verwässerte das soeben veränderte Musikgenre aufs Neue. In der portugiesischen Hauptstadt angekommen, traf *fado* zusätzlich auf die *modinha*, eine ursprünglich an brasilianischen Kaiserhöfen gesungene Form von harmonischen Balladen mit sentimental-lyrischen Texten. Gleichzeitig zogen Migranten aus dem restlichen Portugal und aus anderen Teilen Europas nach Lissabon, die ihrerseits die lokale Musikszene beeinflussten. Als völlig neues Konstrukt entpuppt sich *fado* schließlich als Spiegelbild der Populärkultur in Lissabon und als gemeinsamer Nenner all dieser Kulturen.

Einig sind sich nämlich alle darin, dass *fado* ab den zwanziger Jahren des 19. Jahrhunderts in den Hafen- und Rotlichtvierteln Lissabons groß wurde und die portugiesische Hauptstadt daher als das *Fado*-Mekka gilt. *Fado* war die Musik der Armen und sozial Schwächeren, jener Arbeiterklasse, die ums Überleben kämpfte, gebeutelt durch Schicksalsschläge, geschlagen von jedem nur möglichen Aspekt des Lebens: Industriearbeiter, Prostituierte, Zuhälter, Taschendiebe, Tagelöhner, Banditen. Daraus entwickelten sich auch die vulgären, tristen Texte und die thematischen Wiederholungen über das fiese Schicksal, von dem sich die Portugiesen seit Herrgottszeiten bestraft fühlen. Dies schürte auch Interesse innerhalb der Arbeiterparteien und politisch Linksgerichteten, und die Texte bekamen plötzlich Einfluss von der Poesie Marx' und Engels'.

Im Laufe der Zeit verlor *fado* jedoch seinen verruchten Beigeschmack und erfreute sich großer Popularität im Lande, denn das Volk wandte sich – neben dem Wein – der eigentümlichen Musikrichtung zu, um seine Sorgen und Ängste darin zum Ausdruck zu bringen. Er etablierte sich aus den Bordellen heraus und hinein in Theater, Opern und Salons in den Privathäusern der Mittelschicht. Mit dem Erscheinen der ersten Fonografen und schließlich des Radios wurde *fado* richtig beliebt in Lissabon, Portugal und darüber hinaus, ehe 1926 Diktator Salazar an die Macht kam und jegliche öffentlichen Auftritte untersagte, sofern die Musiker nicht über eine Lizenz verfügten. Salazar hasste *fado* aus tiefer Überzeugung, da die Musik mit der politischen Linken und den Arbeiterparteien verbunden wurde. Er wollte diesen in seinem autoritären Regime Estado Novo komplett verbieten, beugte sich aber der Beliebtheit der Musik innerhalb der Bevölkerung. Jedoch konnte er *fado* kontrollieren und ließ die Texte zensurieren, sodass die Anzahl der *fadistas* automatisch limitiert war. »Unter der eisernen Faust des Diktators wurde *fado* standardisiert und formalisiert«, sagt Vieira Nery. »Er tolerierte die Musik, aber förderte sie nicht.«

Nach dem Ende des Zweiten Weltkriegs überlebten zwei Diktaturen in Europa: Francos Spanien und Salazars Portugal. Salazar war sich im Klaren, dass er seinen faschistischen Strang nicht mehr weiterführen konnte wie in den Jahren zuvor, also tendierte er in eine eher populistische, konservative Richtung. Er wusste, wie beliebt *fado* innerhalb der Bevölkerung war, und machte sich diesen zu eigen, um seine politischen Botschaften anzubringen und gegen den Einfluss anderer Mächte innerhalb Portugals zu kämpfen. »Salazar sah sich als wahrer Verfechter traditioneller portugiesischer Kultur und der portugiesischen Nation«, sagt Vieira Nery. »Ähnlich wie Mr. Trump heute in Amerika.« »Portugal zuerst«, hätte das damals wohl geheißen. Believe me!

Diese Lücke im System der jahrelangen Zensur und Kontrolle nutzten die *fadistas* zugleich zu ihren Gunsten und experimentierten in den fünfziger Jahren mit neuer Poesie und alternativen Instrumenten sowie neuen Interpretationen und Hintergrundmusikern. Damit brachten sie *fado* auf ein neues Niveau. Allen voran Amália Rodrigues, die *Fado*-Ikone schlechthin. Der großen Amália sagen Kritiker nach, dass ihre Texte nach Picasso klingen, so komplex und gebildet sei ihre Poesie und daher oft nicht verständlich genug – eben wie bei der abstrakten Kunst Picassos. Bis zu ihrem Tod 1999 interpretierte und verwendete Amália gerne auch Gedichte des Nationaldichters Luís de Camões. Amália machte *fado* in dieser Zeit und auch danach weltbekannt, als Wehklang schwarz gekleideter Frauen aus Portugal. Umgeben von allen wichtigen Staatsmännern Portugals liegt sie heute, als einzige Frau, begraben im Pantheon von Lissabon.

Gegen und nach dem Ende des achtundvierzig Jahre andauernden Regimes feindeten die Demokraten *fado* an, da sie diesen als Ausdruck des Diktators sahen und als Symbol interpretierten, dass sich die Menschen ihrem Schicksal ergeben hatten, anstatt gegen Salazar zu kämpfen. Die Nelkenrevolution 1974 markierte sogar eine zweijährige strikte Ablehnung des *fado* innerhalb der Bevölkerung, da er an die triste Vergangenheit erinnerte, unter der Portugal zu leiden hatte. Die Musik lief nun endgültig Gefahr auszusterben, nachdem sie bereits rund fünfzig Jahre lang zensuriert und instrumentalisiert worden war.

In den späten achtziger und frühen neunziger Jahren erlebte *fado* dann seine eigene Revolution, denn eine neue Generation, die nichts mit dem Regime zu tun hatte, entdeckte diesen Musikstil als kulturelles Gut wieder. Die alteingesessenen *Fado*-Häuser blieben jedoch leer und die traditionelle Version des *fado* schien weitestgehend auszusterben, denn die Jungen brachten *fado* als Nischenprodukt am Weltmusikmarkt an – in Konzerthäusern, auf Festivals und in den Charts. »*Fado* lebt und ist dynamisch«, sagt Vieira Nery. »Das ist nichts Statisches, sondern entwickelte sich ständig weiter. Es gibt keine Definition dessen, was echter, authentischer *fado* ist und was nicht. Einzig die *fadistas* entscheiden das.« Die Jungen schafften es jedenfalls erfolgreich, den traditionellen *fado* mit neuen Elementen zu versehen. Erst mit der Nominierung zum UNESCO-Weltkulturerbe versöhnten sich die Moderne und die Tradition und starteten in weiterer Folge jenen Trend, der schließlich den touristischen Kommerz auslöste.

In den letzten Jahren nämlich entwickelte sich *fado* immer mehr zum geschäftlichen Erfolg – und zur Touristenfalle. »*Fadistas* kommen traditionell aus Lissabon«, sagt Vieira Nery, »in den armen Arbeitervierteln von Alfama, Bairro Alto und Mouraria wachsen sie seit Generationen mit der Musik auf, absorbieren die Kultur vom ersten Tag ihres Lebens an. In letzter Zeit aber finden wir *fadistas* aus dem ganzen Land, die weder durch diese Lebensschule noch durch diese Nachbarschaft gegangen sind und einen individuellen Zugang zu der Musik haben. Das Resultat hört sich deutlich anders an, hat aber genauso Erfolg!«

Auch heute noch verweigern etliche Portugiesen *fado* und werfen ihm vor, das Fatalistische und Passive in den Bewohnern zu fördern und damit dem Land zu schaden. Die Restaurants entlang der Touristenmeilen in Alfama hingegen versuchen täglich aufs Neue, *Fado*-Sänger zu engagieren, der Nachfrage wegen. Kein Wunder, spucken die Kreuzfahrtschiffe doch Tag für Tag Abertausende Besucher aus, die in Horden kurzfristig die Stadt belagern und das ohnehin entspannte Lissabon ausbremsen und endgültig lahmlegen. »Je mehr Passanten, desto weniger eilig die Schritte«, schreibt Nationaldichter Fernando Pessoa.

Da *fado* so in Mode ist, schleichen sich zudem auch *Fado*-Scharlatane unter die *fadistas*. Eine Schande findet Vieira Nery. »Aber jeder, der sich ein bisschen auskennt, hört sofort, dass das wenig mit *fado* zu tun hat. Das sind nur Leute, die ihr Glück versuchen und improvisieren.« Fragt sich nur, wie viele Touristen, die für eine Nacht oder ein Wochenende in Lissabon bleiben, dieses Wissen mitbringen? Furchtbare Vorstellung: An jeder zweiten Ecke in Wien locken Dirndl in ein »traditionelles« Jodelkonzert. »Die *Fado*-Welt kann mit beidem umgehen«, meint Vieira Nery, »dem Kommerzzirkus und der authentischen Kunst. Aber natürlich leben *fadistas* in einem gruppenbezogenen Umfeld. Sie akzeptieren einander nur bedingt, sofern man nicht zum ›richtigen‹ Clan dazugehört.«

In der Taverne neigt sich der Abend dem Ende zu. Die meisten Besucher sind längst verschwunden, einige Hartgesottene jedoch unterliegen dem Rausch des wässrigen Biers. Langsam sondert sich ein Schatten aus dem pechschwarzen Hintergrund ab und Manschettenknöpfe, Ring und Uhr funkeln im Licht. Eine Gestalt tritt leise und unauffällig aus der Ecke hervor, um spontan ein *Fado*-Lied anzustimmen. Dunkler Anzug, weiße Haare, dicker Bauch und eine verrauchte Stimme, gekennzeichnet von Jahrzehnten des Alkohol- und Tabakkonsums. Schnell hört auch ein unkundiger Gast, dass der Apfel nicht weit vom Stamm fällt und wo Luís gelernt hat. Dieser leert sein Weinglas und schnappt sich die Gitarre, um die Wehklänge zu begleiten. Es ist sein Vater, Luís senior, dessen Zunge nach einigen Gläsern Wein locker genug sitzt, um auch seinen Schmerz durch Gesang zu entfalten. Stolz wie ein Gockel verrenkt er seinen Kopf und spaziert zwischen den Holztischen umher, eine Hand in der Hosentasche, die andere gegen den Himmel gerichtet, als wollte er dem lieben Gott persönlich erzählen, wie ihn das Schicksal gepeinigt hat. Fest hält ihn die *saudade* im Griff, okkupiert seine Seele. Zunächst wimmert er in sich selbst versunken, dann prustet und schreit er, ringt in theatralischen Gesten mit seinem inneren Dämon, bevor er ihn endgültig herauslässt und urplötzlich verstummt. Trotz der wenigen Besucher ist der Beifall um nichts geringer als vorhin. Luís senior lächelt weinselig und sein Sohnemann tut es ihm gleich. Es hat aufgehört zu regnen. Der Weltuntergang ist vertagt, vorerst zumindest. Es geht weiter, irgendwie – auch mit Donald Trump. Schicksal halt. Alles ist *fado*.

# Made in China

Am nördlichen Ende vom Praça Martim Moniz, einem Platz, dessen bessere Zeiten auch schon ein bisschen zurückliegen, fängt Lissabons Chinatown an. Es ist die niedlichere und vor allem verlegenere Variante von New Yorks oder Londons chinesischen Vierteln, in denen sich Besucher und Bewohner ja nicht mehr sicher sein können, noch in Manhattan beziehungsweise in England zu sein. Lissabons Chinatown umfasst lediglich einige Gässchen, in die sich kaum jemand verirrt, wäre man nicht auf der Suche nach dem Gourmet-Geheimnis der Stadt. So wie ich. Meine portugiesische Freundin Ana hatte zum chinesischen Mittagessen eingeladen – und da Chinas Küche eigentlich nicht zu meinen Favoriten zählt, mich mit zwei magisch anmutenden Worten geködert: »*Chinês clandestino*«. Illegale Chinesen? Und das mitten in Lissabon? Das wollte und durfte ich mir natürlich nicht entgehen lassen.

Den Unterschied zum restlichen Lissabon machen in Chinatown ein paar chinesische Ramschläden, indisch-nepalesische Minimärkte und Halal-Kebabbuden. Auch sticht das eine oder andere als solches ersichtliche asiatische Restaurant oder Café heraus. Ana und ich aber suchen nach einer Prise Verbotenem. Wir schlendern durch die engen Gassen, an deren Hauswänden sich der Müll stapelt, und suchen die Gegensprechanlagen nach chinesischen Schriftzeichen ab, denn rot blinkende Neonschilder oder andere Erkennungsmerkmale haben diese Restaurants in der Regel nicht. Schließlich sind sie »illegal«, wenngleich die halbe Stadt darüber Bescheid weiß. Ein Geheimnis Lissabons können diese nicht angemeldeten Familienbetriebe also nicht sein. »Ganz im Gegenteil«, sagt Ana. »Sie sind sogar sehr beliebt, sowohl bei den *lisboetas* als auch bei den vielen ausländischen Erasmus-Studenten, denn sie servieren in ihren Privatwohnungen chinesische Hausmannskost. Monsterportionen zu Spottpreisen.«

Ich vernehme Wortfetzen: Arabisch, Urdu, Französisch, Russisch, afrikanische Bantusprachen. Bilder von Untergrundrestaurants, illegalem Glücksspiel, chinesischer Mafia und Kakerlaken im Essen schwirren in meinem Kopf umher. Als wir endlich die gesuchten chinesischen Schriftzeichen an einer Türklingel entdecken, betreten wir wenig später eine Privatwohnung, die nun als Friseursalon dient. Fehlanzeige! Bei der nächsten chinesischen Türklingel finden wir ein Internetcafé vor. Wieder nichts! Chinesisch müssten wir verstehen. Beim dritten Versuch verrät der Geruch beim Öffnen der Haustür: Hier sind wir goldrichtig. Das Stiegenhaus ist zugeschmiert mit Parolen, Hinweisen und undefinierbaren Zeichen, darunter auch chinesische. Eine alte Portugiesin schleppt gerade ihre Einkaufstaschen die enge Holztreppe empor. Ana und ich trotten in den zweiten Stock hinauf, wo eine Wohnungstür einen Spaltbreit offen steht. Daraus qualmt eine Rauchwolke, die einen so üblen Geruch verbreitet, dass wir zögern einzutreten, ehe sich die Tür komplett öffnet und ein Chinese mit einladender Geste hervortritt. »Food?«, frage ich. Kopfschütteln, gekoppelt mit chinesischen Worten. »*Comer?*«, probiert es Ana auf Portugiesisch, aber zurück kommen Laute, die so klingen, als würde ein besoffener Russe versuchen, mit vollem Mund auf Spanisch zu antworten. Aber egal, wer hier was in welcher Sprache sagt, allen Beteiligten ist ohnehin klar, warum wir im Eingang dieser Wohnung stehen und was wir wollen, auch wenn es leichte Kommunikationsschwierigkeiten gibt. Und dennoch scheitern wir. Gleich neben dem Eingang erspähe ich ein paar dampfende Schüsseln mit undefinierbaren Körperteilen von undefinierbaren Lebewesen darin. Die braunen Klumpen sehen nach Füßen und Köpfen aus, aber ob sie von Schwein, Hund oder Esel stammen, kann ich nicht eruieren. Und es stinkt bestialisch. »Bei chinesischen Speisen gelten vorrangig zwei Regeln«, sagt Ana, die einige Zeit in Shanghai gelebt hat. »Du darfst kein strikter Vegetarier und keinesfalls geruchsempfindlich sein. Denn chinesisches Essen kann nach allem riechen, nach Dingen, die du dir nicht einmal vorstellen möchtest – und nach mehr.«

Der Chinese kritzelt eine »Sieben« auf eine Serviette und nach mehrmaligem Fingerdeuten darauf verstehen auch wir schließlich, dass das Restaurant geschlossen ist und erst am Abend für Gäste öffnet. Unzufrieden verabschieden wir uns wieder, denn etwas in mir schreit danach zu wissen, was diese undefinierbaren braunen Klumpen sind, wenngleich ich kein Fleisch esse. Wir versuchen es einige

Häuser weiter bei einer anderen Adresse. Auch dieses Stiegenhaus ist dunkel und heruntergekommen, Farbe blättert von den Wänden. Es wirkt wie der Hintereingang eines verbotenen Clubs, der kurzerhand den Nervenkitzel auslöst, etwas Illegales zu tun. Stiegenhäuser von Drogendealern, Veranstaltern von Donkey Shows und heimlichen Spielhöllen sehen ähnlich aus. Ana klingelt. Die Tür öffnet sich und eine chinesische Frau steckt ihren Kopf heraus. Klimperndes Geschirr und brutzelnde Pfannen verraten, dass im Hintergrund zumindest jemand kocht. »Wie viele?«, fragt sie forsch, als forderte sie ein Losungswort. »Zwei«, antwortet Ana verunsichert. Stumm knallt die Chinesin ihre Tür zu. Ana blickt mich verblüfft an. Wir warten eine Zeit lang, vergeblich. »Falsches Losungswort«, sage ich und wir schweifen wie begossene Hunde weiter, um den Nachmittag am Praça Martim Moniz mit Tee und Sonne zu überbrücken. Ein paar Tauben picken dort Maronischalen und andere Krümel aus den Rillen der Kopfsteinpflaster. Wenigstens sie bekommen heute ein Mittagessen.

Mit einem Loch im Magen stehen wir um Punkt sieben Uhr erneut vor der Sprachbredouille. Die Fleischklumpen neben dem Eingang haben sich keinen Millimeter bewegt und stinken vielleicht noch einen Tick grausamer als zu Mittag. Mit Händen und Füßen erklärt uns der Besitzer seine acht Schätze und stillt damit meine Neugier: Frittierte Entenzungen, im Wok gebratene Hühnerherzen, Rinderpansen, Schweinsklauen, Hühnerfüße, Entenköpfe und so weiter und so fort.

Er bittet uns, an einem der Tische Platz zu nehmen. Der Raum hat den Charme einer Leichenhalle und ist ähnlich reich besetzt mit Menschen. Bis auf die Laute eines einzelnen Chinesen, der in einer Ecke an seinem überlangen Fingernagel zuzelt, herrscht Totenstille. Ernsthafte Sorgen um die Küche machen wir uns erst, als wir den Zustand der Wohnung sehen: dunkle Wasserflecken an der Decke, von Spinnweben verhängte Risse an mehrfach übermalten Wänden, denen noch die Farbspuren der letzten drei Anstriche anzusehen sind, und eine dicke Staubschicht, die am Deckenventilator klebt. Eine rote Uhr in Form einer Erdbeere hängt über einem Tisch mit chinesischem Fusel. Der Sekundenzeiger zuckt im Takt, bewegt sich aber keinen Millimeter vorwärts.

Mit einem Lächeln im Gesicht reicht uns der Chinese Stift und Papier. Und die Speisekarte, die auf Chinesisch und miserablem Portugiesisch geschrieben ist. Dafür ist sie voll gespickt mit Gerichten: Fleisch, Meeresfrüchte, Fisch, Suppen, Reis und Nudeln. Auch die Exoten neben dem Eingang sind darauf zu finden. Wir bestellen: B19, C7, A23, A12 und eine Schüssel weißen Reis. In der Zwischenzeit verschwinde ich auf die Toilette und finde dort Zahnbürsten, Duschgels und Haarshampoos der Bewohner. Kopfschüttelnd kehre ich zurück an den Tisch. »Wie daheim«, sage ich zu Ana und sie erwidert: »Wir sind ja auch daheim, bei ihm daheim.«

Immer wieder klingelt es an der Tür und wenige Sekunden später kommen weitere Chinesen in das Zimmer herein. Jedes Mal wenn sie eintreten, läutet eine Schelle am Türrahmen. Während der Koch mit einem Beil die Pekingenten in Scheiben hackt und dabei einen Höllenlärm erzeugt, kaufen die Kunden kiloweise Entenköpfe und Hühnerklauen. Die Szenen erinnern an die Straßenküchen von Taipei, Shanghai oder Hongkong. »Ein Stück Heimat in der Ferne«, meint Ana.

Der Chinese serviert die Speisen ohne die Reihenfolge zu beachten. Zuerst kommen die Shrimps mit Knoblauch, dann das Maronihuhn. Danach folgen die fetttriefenden Frühlingsrollen sowie Tofu mit Gemüse. Erst zum Schluss bringt er den Reis. Ana versucht ihr Maronihuhn zu definieren. Es sieht nach Fleisch aus, aber in der eingedickten, klebrigen braunen Sauce würde ohnehin alles knusprig Frittierte gleich schmecken, egal ob Ratte oder Brokkoli. Wir glauben dem Besitzer, dass es Huhn ist. Zurück bleibt ein bisschen Skepsis, was da nun tatsächlich auf den Tellern vor uns liegt. Ana muss trotzdem ran.

Vier unterschiedliche Speisen, ein Geschmack. Die dunkle Sauce übertönt tatsächlich jedes andere Aroma und hinterlässt eine aggressiv-würzige Note im Mund. Ich fühle mich in meinem voreingenommenen Urteil bestätigt: Leider wie beim Chinesen ums Eck. »Außerhalb Chinas chinesisch zu essen ist wie ein Lotteriespiel«, sage ich enttäuscht zu Ana. »Meistens verlierst du, selten gewinnst du. Und wenn du gewinnst, ist es mit Sicherheit kein Jackpot, sondern du holst dir lediglich deinen Einsatz zurück.«

Als wir das Restaurant verlassen, entdeckt Ana einen offenen Spalt in der Nachbartür und riskiert einen Blick hinein. Auch hier ist die Einrichtung bescheiden: Neun Plastiktische mit je vier Plastikhockern, Plastiktischtücher mit bunten Eulen darauf, Plastikblumen, die sich, aufgefädelt an einer grünen Plastikgirlande, entlang der Wände winden, an denen fettig-klebrige Poster hängen. Darauf abgebildet: die ausgebleichten Wahrzeichen von New York, London und Paris. Aus einer Ecke winkt die goldene Glückskatze unaufhaltsam mit ihrer linken Pfote. Auch sie ist – wie könnte es anders sein – aus Plastik. Einige der neun Tische sind besetzt. Erasmus-Studenten und Chinesen, die rauchen, egal was. Dazwischen läuft ein Mädchen umher, sie trägt eine rosarote Schleife im Haar.

»Lust auf eine zweite Runde?«, fragt Ana beherzt. »Lust auf eine erste gute Runde«, antworte ich genervt und wenig später sitzen wir erneut beim Chinesen. Diesmal hat er auch einen Namen: Dang. Er ist sechsunddreißig Jahre alt, Vollbart- und Brillenträger, überhöflich und gibt zu erkennen, dass er bereit ist, mit uns zu quatschen. »Lizenz?«, frage ich ihn, als er uns eine Schüssel mit bunt gefärbten Hummerchips reicht. Dang schüttelt den Kopf. Ich zweifle, ob er die Frage nicht versteht, sie nicht beantworten möchte oder ob seine Antwort auf meine Frage »Nein« lautet. Als er ein fragendes Handzeichen andeutet, glaube ich es zu wissen. Dang zückt sein Smartphone, berührt flink die Tasten und reicht mir das Telefon. Ich tippe meine Frage darauf ein und auf Knopfdruck übersetzt eine chinesische Frauenstimme. Dang nickt verständnisvoll, schüttelt aber sofort seinen Kopf und deutet mit der Hand ein klares »Nein«.

So geben wir uns eine Zeit lang diesem Kommunikationsspiel hin und ich finde, dank der chinesischen Simultanübersetzerin aus seinem Smartphone, Folgendes heraus: keine Lizenz, keine Steuern, kein bürokratischer Wahnsinn. Wenn die Polizei vorbeikommt und Stress macht, serviert Dang ein kostenloses Mittagessen und manchmal auch eine kleine Spende in Form eines Kuverts dazu. Dann drücken die Beamten ein Auge zu und verschwinden wieder. Hat er viele Probleme mit ihnen? »Sie kommen oft zum Essen«, sagt die Smartphone-Stimme.

Ich blicke aus dem Fenster. Die Scheibe ist zersprungen. Ein fingerbreiter Spalt darin sorgt für kalten Durchzug, aber wir sind dankbar für jede Frischluftzufuhr, denn die verqualmte Luft wabert in dem Lokal. Unten pinkelt ein Junge gerade auf das Kopfsteinpflaster. Niemanden interessiert es. Langsam füllt sich der Raum und Dang ist sichtlich zufrieden. Am Nachbartisch schlürfen drei chinesische Gäste ihre Suppen aus den randvollen Tellern. Dazwischen husten, niesen und rülpsen sie abwechselnd.

An der mit Küchenfett überzogenen Wand hängt eine Weltkarte in chinesischer Sprache. Als Dang auf eine Stadt in China zeigt, bleibt sein Finger daran kleben. »Bil, bil«, sagt er hektisch. Ich kann weder den Namen der Stadt entziffern, noch begreife ich, was er mir sagen möchte. Dang löst seinen Finger von der klebrigen Karte und deutet auf meine Flasche Bier, auf der »Tsingtao« geschrieben steht, bevor er wieder auf sich selbst zeigt. Schließlich »klickt« es auch bei mir, ohne die Hilfe des Smartphones:

Chinas zweitgrößte Bierbrauerei ist in Tsingtao zu Hause, der veraltete Name für Quingdao. Und von dort kommt Dang. Noch nie gehört von der Stadt, obwohl dort gleich viele Menschen leben wie in ganz Portugal.

Seit acht Jahren lebt Dang nun in Lissabon – und kann noch immer keinen einzigen portugiesischen Satz bilden, der über ein Wort hinausgeht. Warum nicht? Weil er als *clandestino*, als illegaler Immigrant, unauffällig und zurückgezogen lebt oder weil er sich nur mit Chinesen umgibt? Die chinesische Stimme übersetzt meine Frage, aber diesmal antwortet Dang nicht, sondern lächelt gütig, sodass ich mich für meine Frage schäme. Es ist kein frohes Lachen, sondern ein Bühnenlachen, das wie antrainiert wirkt. Ich erspare ihm weitere Fragen. »Sänkhu, sänkhu«, sagt er mit einem schmerzhaften Zweifel im Gesicht und begibt sich wieder in die Küche, aus der eine Dampfwolke qualmt.

Kurz darauf serviert Dang gedämpfte Knödel, frittierten Tintenfisch und Garnelen-Chopsuey. Zu unserer Überraschung ist es nicht erforderlich, den Genuss der Gerichte vorzutäuschen, denn sie schmecken ausgezeichnet. Zufrieden füllen wir uns den Wanst an, trinken das ein oder andere Tsingtao, bezahlen und verlassen den illegalen Chinesen wieder. Dang strahlt über das ganze Gesicht, schüttelt unermüdlich meine Hand und sagt ein letztes Mal »Sänkhu, sänkhu«.

An der frischen Luft erst bemerken wir den üblen Geruch an uns. Kleidung, Haare, Hände, der gesamte Körper stinkt nach einer Mischung aus Bratenfett, Sojasauce und Kutteln. Als ob wir selbst in der Friteuse gesessen wären. Nichts, was wir nicht abwaschen könnten, zumindest bis zum nächsten Mal.

# Rollerderby

Neben dem Friedhof von São João, auf dem auch der portugiesische Literaturnobelpreisträger José Saramago seinen Frieden gefunden hat, ragt die Turnhalle des Lissabonner Fußballvereins Varejense in den Nachthimmel. Ausnahmsweise rollt an diesem Abend kein lederner Ball, dafür klackern Dutzende Kunststoffrollen unter den Füßen der »Lisboa Troopers«, die hier ihr einstündiges Training abhalten. Die Halle ist dennoch kein bisschen weniger erfüllt von Kampfgebrüll und Schweiß. Und von irgendwoher schleicht eine Katze einsam über die leere Zuschauertribüne.

Entgegen dem Uhrzeigersinn fahren die Spielerinnen in ovalen Bahnen das Parkett entlang, überholen und schneiden einander. Mit vollem Körpereinsatz drängen, rempeln und blockieren sie. Es sieht aus wie Rugby auf Rollschuhen: Eine Auserwählte pro Mannschaft, die Jammerin, versucht sich an den vier gegnerischen Verteidigerinnen vorbeizuschieben, die eng nebeneinander rollen. Sie ist flink und leichtfüßig, aber die Aufgabe des verteidigenden Packs besteht darin, schwer und rempelnd den Weg zu versperren, wie eine schwimmende Mauer – und gleichzeitig der eigenen Jammerin den Weg frei zu drängen. Für jede überholte Blockerin gibt es einen Punkt. Ein zweiminütiger Tumult mit viel Eleganz und Biss, genannt Jam. Dreißig Sekunden rasten die Spielerinnen, bevor ein neuer Jam beginnt. Eine Stunde lang geht das so. Sieht chaotisch aus, funktioniert aber.

Was haben Bulldoga, Dr. No, Marburg und Cathulhu gemeinsam, außer dass sie alle ein bisschen böse, mitunter tödlich, auf andere wirken? Auf den ersten Blick natürlich gar nichts, vor allem weil es sich dabei um Pseudonyme handelt. In Wahrheit heißen sie Catarina, Mafalda, Suzana und Raquel und sind zwischen zweiundzwanzig und dreiundvierzig Jahre alt. Sie arbeiten in Archiven oder Einrichtungshäusern, als Filmproduzentin, Übersetzerin und Callcenter-Telefonistin, und sie haben jede Menge Energieüberschuss, den sie wöchentlich bei einem gemeinsamen sportlichen Hobby abbauen: dem Rollerderby. Unbekannt? Das ist keine Schande, nicht mehr lange!

Auch in Portugal, jenem Land, das neben Fußball keinen anderen Sport wirklich ernst nimmt. In Lissabon kämpfen ein paar junge Frauen um Anerkennung für ihren körperlichen Elan – auf Rollschuhen. Wie soll das gelingen? »Müssen wir denn mit Fußball oder anderen Sportarten konkurrieren?«, zischt es sofort einen Hauch Feminismus zurück. »Wir machen hier unser Ding, und wem das nicht passt, der kann ja wegschauen«, sagt Cathulhu alias Raquel, die seit der Gründung des Vereins am 1. April 2013 mit dabei ist. »Scherz war das nämlich keiner«, versichert sie. Aber wegzuschauen wäre ohnehin nicht notwendig, denn kurioserweise hat Portugal einen guten Draht zu Sportarten auf Rollen. Nicht nur, dass die portugiesische Nationalmannschaft Rekordweltmeister im Rollhockey ist, auch der darin weltbeste Spieler aller Zeiten ist eine Lissabonner Legende und heißt António Livramento. Auch noch nie gehört? Damit sind Sie nicht alleine. In Fachkreisen gilt er als Wayne Gretzky der Turnhalle. Und falls Sie den auch nicht kennen, denken Sie einfach an Diego Maradona auf Rollschuhen. Der kettenrauchende Star, António Livramento, spielte jahrelang beim ältesten Rollhockeyclub der Welt, und der kommt aus? Goldrichtig, Lissabon!

Einer, der den an einem Schlaganfall bereits früh verstorbenen Livramento richtig gut kannte, ist Luís Gouveia. Der ehemalige Fitnesstrainer der portugiesischen Rollhockeymannschaft, Rollhockeykommentator und Sportjournalist könnte Fidel Castros Zwillingsbruder sein, nicht nur äußerlich: Seine Worte klingen wie Ansprachen, mit viel Pathos in der Stimme und in seinen Augen. Seit über vierzig Jahren begleitet Luís Gouveia nun Rollhockey und hat auch zwei Bücher darüber geschrieben. »Fußball«, sagt er, »ist eine eigene Welt, über die wir gar nicht erst zu sprechen brauchen. Aber in der anderen Welt, in der sich all die restlichen Sportarten messen, liegt Rollhockey bei den Portugiesen klar vorne.« Am Potenzial für Sportarten auf Rollschuhen mangelt es in Portugal also nicht.

Dieser Tage lerne ich gleich zwei neue Sportarten kennen. Für alle anderen Unwissenden: Rollhockey ist eine regelliberalere Version von Eishockey, gespielt in der Turnhalle, bestenfalls auf Parkett. Rollerderby hingegen ist ... ja, wie beschreibt man es?

Auch Luís Gouveia fehlen die Worte. Milde belächelt er: »Momentan kann ich damit noch nichts anfangen und möchte es daher auch nicht als Sport bezeichnen, aber vielleicht ändert sich das noch.« Ein Vorurteil, mit dem sich die weibliche Welt des Rollerderbys öfters konfrontiert sieht. Auf der anderen Seite sind den Teammitgliedern der Lisboa Troopers weder António Livramento noch Luís Gouveia ein Begriff, und dass Portugal fünfzehnfacher Weltmeister im Rollhockey ist, weiß hier auch niemand. Bulldoga, Marburg und Co. bezeichnen ihren eigenen Sport als garstig, muffig, schlagfest, blutig, derb, integrativ und mannschaftlich. All das ist Rollerderby tatsächlich. Hinzu kommen noch actionreich, taktisch und anstrengend. Und vor allem: weiblich! Vorwiegend spielen Frauen Rollerderby. Bei den Troopers sind es siebzehn aktive Mitglieder, inklusive Trainerin, Schiedsrichter und Trainees.

»Willst du mitspielen?«, fragt Bulldoga alias Catarina, während sie mit schwarzem Klebeband ihre Knie- und Ellbogenschoner fixiert. »Klar!«, antworte ich. »Schuhgröße?« »Fünfundvierzig.« »Oh«, stammelt sie, »ich fürchte, dann wohl nicht. Unsere größten Rollschuhe enden bei zweiundvierzig.«

Warum Rollerderby in erster Linie ein Frauensport ist, können auch die Troopers nicht begründen. »Feministischer Unternehmergeist«, meint Marburg alias Suzana. Ihren lieblichen Spitznamen hat die Neununddreißigjährige bewusst gewählt, um auf das tödliche Marburg-Virus zu verweisen: Gegenspielerinnen kommen ihr besser nicht in die Quere. Ganz neu ist Rollerderby allerdings nicht:

Sein Ursprung liegt im Chicago der dreißiger Jahre, erfunden (ausgerechnet) von einem Mann, der darin vor allem Show und Entertainment sah. Der Sport, damals ausschließlich von Frauen gespielt, stand dabei im Hintergrund. Erst ab der Jahrtausendwende konterten die Spielerinnen, übernahmen das Rollerderby-Ruder und rückten das Sportliche ins Rampenlicht. Trotz der Revolution blieb dennoch ein bisschen Show außerhalb des Parketts: die Kampfnamen, das übertriebene Make-up und jener Punk-Look, der an die Blütezeit des Sports in den siebziger Jahren erinnert, Subkultur inklusive. Seit 2006 formen sich Rollerderbyteams offiziell auch in Europa.

Wer jetzt denkt, dabei handle es sich um »heiße Schnitten in Netzstrümpfen, die sich auf Rollschuhen um Punkte prügeln«, irrt. So in etwa lautet allerdings die Botschaft des Coming-of-Age-Films »Whip It« von Regisseurin und Darstellerin Drew Barrymore, die den Vollkontaktsport verfilmte. Glücklich sind die Mädels der Lisboa Troopers darüber nicht, denn das ist genau jenes Image, gegen das Rollerderbys weltweit ankämpfen. »Natürlich freuen wir uns, dass der Film Werbung für den Sport macht«, sagt Cathulhu, »aber leider ist es halt auch ein Hollywood-Streifen und daher realitätsfern.« Beispiele gefällig? Die Prügeleien, Ellbogen-Checks, Bisse und das Haarereißen sind im echten Spiel, das nach strengen Regeln abläuft, natürlich untersagt. Und dass ein minderjähriges Vorstadt-Girlie innerhalb weniger Wochen von einer Anfängerin zur ligabesten Spielerin heranwächst, passiert eben nur in Hollywood, ist aber Quatsch und verzerrt das wahre Bild dieses Sports. Ich sehe weder Netzstrümpfe noch Hotpants, ich sehe auch keine Raufereien oder rabiate Einlagen. Was ich hingegen zu sehen bekomme, ist ein kampfbetonter, ehrlicher und schneller Sport, der viel Engagement und Hingabe verlangt.

Ich sehe auch einige Abschürfungen und Blutergüsse, müde Beine und verschwitzte Gesichter. Beim Ausziehen der Rollschuhe dampfen die Socken. Bilder, die in der Hollywood-Adaption nicht zu sehen sind. »Wir sind stolz auf unsere blauen Flecken«, sagt Dr. No alias Mafalda, »und zeigen die auch gerne her.« Dann löst sie den Bund ihrer Trainingshose, entfernt den Gesäßschutz und an der Hüfte kommt ein faustgroßes, herzförmiges Hämatom zum Vorschein. Blauviolett im Kern, gelb verblassend an den Rändern. »Das wird ein Instagram-Hit!«, jubeln die restlichen Troopers. Verstauchte Knöchel, gezerrte Bänder und ausgekegelte Schultern gehören dazu, wie auch die dampfenden Socken. »Heute habe ich mir fast den Finger gebrochen«, sagt Elisabeth, die noch keinen Künstlernamen hat. Alle lachen herzhaft. »Das zählt nicht, Prinzessin«, sagt Sacha, eine Transgender, die früher selber Spielerin war und mittlerweile als Schiedsrichterin bei den Troopers fungiert.

»Im Gegensatz zu Fußball«, sagt Sacha, »bedeutet es tatsächlich, dass ich mich verletzt habe, wenn ich auf dem Boden liege. Ansonsten würde ich versuchen, schleunigst wieder auf die Beine zu kommen, um den Spielerinnen nachzufahren. Andernfalls ist das Spiel verloren.« Trainierte Schenkel und Gesäße und ein stabiler Rumpf sind essenziell, um das einstündige Training unbeschadet zu absolvieren. »Aber auch wer das alles nicht hat«, sagt Sacha, »bekommt hier schnell Muskeln.«

Was gefällt den Damen an diesem Sport? »Nicht nur das Skaten, sondern auch, dass wir ein Team sind«, sagt Marburg. »Dass alle daran teilnehmen können, egal ob sie auf Rollschuhen begabt sind oder nicht, für jede findet sich eine Position«, meint Bulldoga, »viele Spielerinnen haben erst hier skaten gelernt.« »Und natürlich das Rempeln«, ergänzt Cathulhu, die kleinste und zierlichste Spielerin von allen. Es steckt halt doch in jedem von uns etwas Gewalt. »Zu Beginn entschuldigte ich mich immer und fragte: ›Hab ich dir wehgetan?‹, ›Hast du dich verletzt?‹ Aber mittlerweile …« Dann lächelt sie und sagt nichts weiter. Egal wie nett und freundlich diese Mädchen und jungen Frauen aussehen, irgendwo tief in ihnen drinnen stecken Aggression, Eifer und Energie, die nur darauf warten, zu explodieren. »Rollerderby ist ideal, um angestauten Stress zu ventilieren und Dampf abzulassen«, lautet der Konsens der Truppe.

Während in den USA Tausende Fans die Stadien stürmen, um ein Rollerderby-Spiel zu sehen, steckt der Sport in Portugal noch in den Kinderschuhen. Landesweit kann man momentan die Mannschaften an einer Hand abzählen, und keine davon erfüllt bisher die Anforderungen, um Mitglied des Rollerderby-Weltverbands zu werden. Dazu fehlen einerseits Spielerfahrung, logistische und finanzielle

Mittel, andererseits haben die Portugiesen bekanntlich keine Eile. *Estamos em Portugal*, lautet die allseits beliebte Formel, die alles erklärt. Hier ticken die Uhren anders – und das scheint niemanden zu stören, weder im Supermarkt, im Restaurant, im Bus noch auf der Post. Auch die Troopers nicht.

Momentan trainieren die Damen vorwiegend, an Spielpraxis mangelt es, denn mit lediglich zwei Mannschaften in der Lissabonner Liga ist der Bedarf an neuen Teams groß. Dass Rollerderby dennoch nicht nur ein Trend ist, sondern ein Sport, der in den nächsten Jahren noch stark wachsen wird, bezweifelt bei den Troopers niemand. Sie sind überzeugt, denn in Amerika ist die Zehnjahresmarke längst überschritten und der Sport boomt weiterhin.

Dass der portugiesische Rollhockeyverband die Lisboa Troopers kürzlich aufgenommen hat, löst aber eher zerknirschte Gesichter als Freude bei den Damen aus. Wo zwickt's da genau? »Na ja«, sagt die fündundzwanzigjährige Bulldoga, »die haben natürlich ihre eigenen Regeln, Vorstellungen und Wünsche, die nicht gerade den unsrigen entsprechen. Das verträgt sich gar nicht mit der alternativen Kultur, der Freiheit und der Unabhängigkeit innerhalb des Rollerderbys.« Im Detail kann sie das nicht erklären, pocht aber darauf, dass Rollerderby autark und anders als jeder andere Sport ist. »Rollerderby ist nicht so kategorisiert und engstirnig, und es dauert noch lange, bis wir eine nationale Liga haben und um Titel kämpfen. Ob wir irgendwann in demselben Atemzug genannt werden wie die anderen Sportarten, bleibt aber fraglich.«

Sponsoren haben die Troopers keine, sie zahlen Equipment und die Miete für die Trainingsorte aus eigener Tasche. Kompromisse wollen die Damen nicht gerade eingehen, lieber bleiben sie ihren Prinzipien treu. Dafür stehen Toleranz und Akzeptanz im Vordergrund. »Es gibt keine Mannschaftskapitänin, da alle mitreden können und sollen«, sagt Dr. No. »Wir rekrutieren alle: dicke, dünne, große, kleine und auch einbeinige Frauen, wenn es sein soll. Transgender oder Männer, die sich als Frauen fühlen.« Das macht Rollerderby zu etwas Besonderem, vielleicht auch zu einem einzigartigen Sport. »Hier können wir das Meiste aus uns herausholen, egal wer oder was wir sind!«, sagt Bulldoga. »Alle sind willkommen!«

# Kunst kennt kein Alter

Eigentlich ist Lara Seixo Rodrigues Architektin, aber nach zehn Jahren in diesem Beruf suchte die bildhübsche Portugiesin dringend eine neue Lebensaufgabe. Die Zeit, die es benötigte, um die Früchte ihrer Arbeit zu sehen, dauerte der heute Achtunddreißigjährigen zu lange. »Ich wollte unmittelbare, greifbare Ergebnisse, also widmete ich mich fortan dem Kuratieren von Street-Art-Projekten«, erzählt sie und dunkelt den Raum ab, um Fotos an die Wand zu projizieren, die ihren Vortrag über die Geschichte moderner Street-Art illustrieren.

Der Ort dieser Präsentation? Kein hippes Loft im Szeneviertel der LX Factory, sondern das »Santa Casa«, übersetzt: »Heiliges Haus«, ein Tagesheim für Greise, Pensionisten und Menschen mit körperlichen oder geistigen Beeinträchtigungen. Unter den Besuchern sind Alzheimer- und Parkinsonpatienten ebenso wie Schizophrene. Sie leiden unter Arthrose und Gicht, sehen oder hören schlecht, sitzen im Rollstuhl oder gehen auf Krücken.

Das Santa Casa versteckt sich in einer monotonen Wohnsiedlung auf halber Strecke zwischen Lissabonner Innenstadt und Flughafen. Mit warmen, einladenden Farben, gutem Essen und fürsorglichem Personal ist das Zentrum zwar freundlich gestaltet, dennoch wirken viele Menschen darin lethargisch. »Die Besucher sitzen an ihren Tischen und langweilen sich zu Tode«, sagt Lara. »Sie sind frustriert ob ihrer Hilflosigkeit.« Ein Grund, etwas Farbe in den tristen Alltag der Senioren zu bringen, dachte sich Lara – und bot den Senioren einen zweitägigen Workshop zum Thema Street-Art an. »Kunst kann Mauern einreißen und Menschen miteinander verbinden. Und Street-Art eignet sich besonders dafür«, davon ist Lara überzeugt. Und vielleicht hat sie auch selbst ein bisschen Sehnsucht, sich in der Nähe älterer Menschen aufzuhalten. Laras eigene Großeltern sind bereits verstorben. Die Bilder in dem Heim versetzen mich in ein Portugal der sechziger Jahre: depressive Gesichter, Schnauzbärte, Schiebermützen, Hemden mit endlos weitem Kragen, Pullunder in Erdfarben, konservative Röcke, Kittelschürzen, Hornbrillen und Kopftücher.

Etwa zur gleichen Zeit, mehrere Tausend Kilometer westlich von Portugal, bemalte ein Grundschüler in Philadelphia Hauswände, um die Aufmerksamkeit seiner Herzensdame zu erregen – mit Erfolg, die beiden wurden ein Pärchen und Graffiti war geboren. Es dauerte aber noch gut zwanzig Jahre, bis diese Form der Kunst Portugal erreichte. Dabei beschmierten die *lisboetas* schon in den Zeiten der Diktatur Wände, um politische Parolen und Antipathien zu teilen. Heute ist Street-Art aus Lissabon nicht mehr wegzudenken, genießt die Stadt sogar den Ruf des Street-Art-Mekkas – für Lara ein klarer Widerspruch: »Das ist nur ein vorübergehender Trend!«, sagt sie. »Wir finden zwar unendlich viel Street-Art in Lissabon, aber qualitativ können wir mit Miami, Paris oder Stavanger nicht mal annähernd mithalten.« »Eine portugiesische Krankheit«, ergänzen die Teilnehmer, »Quantität vor Qualität.« »Lissabons Problem heißt ›Superlativ‹«, erzählt Lara weiter. »Wir haben immer ›das beste Essen‹, sind ›der beste Ort zum Wohnen‹ oder tragen Beinamen wie ›das Mekka der Street-Art‹. Wie furchtbar! Der Tourismus lenkt Interesse auf unsere Stadt, daher ist Lissabon in aller Munde, auch bei den Street-Art-Künstlern, so wie einst Barcelona. Mit dem Riesenunterschied, dass das Gesetz den Street-Art-Künstlern in Barcelona den Rücken deckte, während du hier bestraft wirst, wenn du Wände bemalst. Wie kann Lissabon dann das Mekka sein?« Alles kommt und geht, auch Kunst ist vergänglich. Was heute entsteht, kann morgen schon verschwunden sein – alte Graffiti-Regel.

»Und wer waren die allerersten Street-Art-Künstler?«, fragt Lara in die Runde. Ein Raunen fährt durch die achtzehnköpfige Gruppe. Dann zeigt Lara ein Bild einer Höhlenwandmalerei. Sie zwinkert mit den Augen, meint es aber doch ernst. »In seiner Ursprungsform ist das moderne Graffiti nichts anderes als die Inschrift an einer Wand.« Es folgt eine Einführung über Techniken, Methoden und unterschiedliche Stile dieser Kunst, ehe Lara die Namen weltbekannter Graffiti-Künstler aufzählt, deren Werke nacheinander über die Leinwand flattern: JR, Mr. Brainwash, Blek le Rat, Pastel, C215, Swoon, Dondy. Der Wert mancher dieser Bilder, die weltweit in angesagten Galerien hängen, liegt bei fünfzehn- bis zwanzigtausend Euro.

Als der Name »Banksy« fällt und sein Bild vom

blumenstraußwerfenden Demonstranten folgt, fühle ich mich nicht mehr als völliger Außenseiter. Ein kurzer Blick in den Raum genügt aber, um mich davon zu überzeugen, dass auch die anderen Anwesenden Probleme haben, Laras Worten zu folgen: fragende Gesichter, müde Augen, die auf die Leinwand starren. Der Kopf einer Frau kippt zur Seite und richtet sich erst wieder auf, als eine andere Teilnehmerin eine Frage stellt: »Wo ist das?« »In New York«, antwortet Lara. »Dort erlangte Graffiti Weltruhm.«

»Könnt ihr entziffern, was darauf geschrieben steht?« Schweigen. »DARE«, sagt Lara geduldig. »Das Zeichen eines berühmten Graffiti-Künstlers aus der Schweiz. Leider ist er schon verstorben, mit nur zweiundvierzig Jahren.« Wieder raunt es durch das Zimmer. »Der Arme«, sagt die Frau, die eben noch döste, Maria lautet ihr Name. »Er wurde nur halb so alt wie ich!« Marias faltiges Gesicht ist von schwarzem Leinen umhüllt. An den Rändern ihres Kopftuchs lugen graue Haarbüschel hervor. Links und rechts hängen ihre Backen herunter, die gemeinsam mit den tiefen Augen Verdruss und Trauer verbreiten, mit denen die Vierundachtzigjährige kämpft.

Über dreihundert Senioren begrüßte Lara seit dem Beginn ihrer Kurse im Jahre 2012 – in Portugal, aber auch in Brasilien, den USA und Spanien. »Lata 65« taufte sie die Workshops. »Lata« bedeutet auf Deutsch einerseits »Dose«, allerdings auch »Mut aufbringen« – beispielsweise, um Wände zu besprühen. Die Zahl 65 symbolisiert nicht nur das gesetzlich festgehaltene Pensionsalter in Portugal, sondern auch das Mindestalter für die Teilnehmer, wobei Lara heute ein Auge zudrückt und – mit zweiundsechzig Jahren – auch einige Jungspunde mitwirken dürfen. Altersdurchschnitt im Raum: dreiundsiebzig Jahre! »Unsere älteste Teilnehmerin zählte sogar hundertzwei Jahre«, sagt Lara stolz. Da sich vorwiegend Frauen den Workshops anschließen, erhielten die Damen und Herren den Beinamen »Graffiti-Omas«. Auch dieses Mal nehmen nur drei Männer teil.

Die Idee für die Graffiti-Oma-Kurse entstand spontan während eines Street-Art-Projekts in Laras Heimatort Covilhã. An einem Platz ohne Leben ließ die Architektin eine Wand bemalen, um diese Kunst allen Bewohnern ihrer Stadt näherzubringen. Innerhalb einer Woche verwandelte sich der Platz in ein fröhliches und buntes Viertel. Das größte Interesse strahlten allerdings die Senioren aus, nicht nur weil sie über Zeit verfügten oder sich über die »Schmierereien der Jugendlichen« beschwerten. »Sie stellten Millionen neugieriger, ehrlicher Fragen«, sagt Lara, die sie gerne beantwortete, »interpretierten die Bilder und waren mehr bei der Sache als so manch andere Generation.« Grund genug für Lara, Lata 65 zu gründen, um mit dem Vorurteil aufzuräumen, dass Graffiti und alte Menschen nicht zueinanderpassen. Heute ist besagter Platz in Covilhã ein Treffpunkt für Jung und Alt.

Mit dem Ende von Laras Vortrag erwachen auch die Senioren wieder und Leben kehrt in die verträumten Gesichter. Eine Teilnehmerin verlässt das

Zimmer. »Ich bin raus«, murmelt sie und lässt sich auch nicht von Lara überreden zu bleiben. Die Projektleiterin bleibt gelassen. »Normalerweise ist es andersrum«, sagt sie. »Am Spraytag erscheinen immer mindestens zwei Teilnehmer mehr.«

Die verbleibenden siebzehn Graffiti-Omas starten im zweiten Kursabschnitt mit der praktischen Arbeit. Sie sollen ihre eigenen Tags kreieren. »Was ist das?«, fragt Maria genervt, die erstmals in ihrem Leben etwas zeichnet. »Euer Logo«, antwortet Lara, »eine persönliche Unterschrift, anstelle eures echten Namens. Damit weiß zwar jeder, wer das Bild gesprayt hat, aber die Polizei kann euch nicht identifizieren.« Als sie das Wort »Polizei« hören, steht den Seniorinnen Sorge ins Gesicht geschrieben. Lara entwarnt sofort: »Der Stadtrat stellt uns die Rückwand des Tagesheims zur Verfügung, die wir hochoffiziell bemalen dürfen.« Im Sinne der Gesellschaft und um die urbane Kunstszene zu fördern. »Außerdem«, ergänzt sie, »möchte ich den Polizisten sehen, der den Mumm aufbringt, eine alte Frau wegen Vandalismus zu verhaften.«

Lara dreht Musikboxen auf, aus denen Wu Tang Clan rappen. Es folgen Ragga Dub, Trip-Hop und andere experimentelle Musik. »Bisher hat sich noch niemand darüber beschwert«, sagt sie fröhlich. Die Senioren blicken verwirrt durch den Raum, schauen einander neugierig und hilfesuchend an, beratschlagen sich gegenseitig dabei, Fantasienamen auszudenken, die letztlich kaum von klassischen Namen abweichen: aus Maria wird Alves, aus Ana wird Rosa, aus David wird Lima. Dann schreiben sie ihre

Pseudonyme in Blockbuchstaben auf ein leeres Blatt Papier: die Basis für die eigentliche Kunst.

Lara holt sich Unterstützung bei anderen Street-Art-Künstlern, die den Teilnehmerinnen unter die Arme greifen und ihnen dabei helfen, die eigene Kreativität wieder anzukurbeln. Der fünfunddreißigjährige *lisboeta* Adrião Resende ist einer dieser Künstler, besser bekannt unter seinem Tag Adres. Von Tisch zu Tisch dreht er Runden und zeigt den Seniorinnen, wie aus ordinären Großbuchstaben plötzlich Gabeln und Äste wachsen, gerade Linien Kurven, Ecken und Perspektive bekommen – einfache, aber wirkungsvolle Methoden, die bei den Seniorinnen Eindruck hinterlassen.

Anfangs noch schüchtern und misstrauisch, zeichnen einige Omas nun wild drauflos, verzieren und motzen ihre Tags auf, sodass sie nur mehr von ihren Plätzen zu bewegen sind, um auf die Toilette zu gehen oder um ein bisschen Bewegung zu machen, um einschlafenden Hintern vorzubeugen. Mit einem Schlag verfliegen Angst und Sorge, wie ein alter Kampf, der ausgestanden ist. Die Teilnehmerinnen lachen, scherzen miteinander, ermutigen sich gegenseitig, wagen immer kreativere Bilder. Laras und Adres' Rolle bei diesem Prozess ist eine unterstützende. Sie überblicken das Gesamtbild und korrigieren hie und da Denkfehler, beispielsweise als Maria ein paar Küken malt. Zwar mit Liebe zum Detail, aber so winzig, dass sie auf eine Kinderhand passen könnten. Adres erklärt, warum sie größer sein müssen: »Diese Küken dienen später als Schablone. Bei dieser Größe käme nur ein Farbfleck auf der Wand heraus und niemand könnte diese niedlichen Tiere sehen.« Maria nickt etwas widerwillig und zeichnet – mit Sorgfalt – erneut ihre Küken. Diesmal um das Dreifache vergrößert. Mit Graffiti verbindet sie nichts. »Da wo ich herkomme«, sagt sie, »sind alle Häuser weiß gekalkt.« Dann bietet sie mir ein Knäckebrot aus ihrer Keksdose an.

Kaum haben die Graffiti-Omas ihre Tags und anderen Bilder fertig entworfen, drücken ihnen Lara und Adres Stanleymesser in die Hände, damit sie ihre eigenen Schablonen ausschneiden können. »Wozu brauchen wir die?«, fragt Maria patzig. »Damit ihr schnell und unbemerkt sprühen könnt«, antwortet Lara. Maria nickt erneut und seufzt, als müsste sie einen Marathon laufen. Ist die Arbeit mit scharfen Messern eine riskante Aufgabe, schließlich sei das im Heim und in ihrem Alltag undenkbar? »Nein«, meint Lara, »im Gegenteil! Eine Herausforderung, bei der die Seniorinnen ihr längst verlorengegangenes Selbstvertrauen wieder auftanken können. Sie bemerken schnell, dass sie damit etwas schaffen können, obwohl viele von ihnen seit Ewigkeiten kein scharfes Messer mehr in den Händen gehalten haben.«

Auch wenn die meisten Graffiti-Omas nach wie vor nicht verstehen, was taggen bedeutet, erarbeiten sie sich erfreut Schablonen mit ihrer persönlichen Signatur. Sie malen, schneiden und kleben. Lara lacht zufrieden, als sie die Freude und den Einsatz ihrer Kursteilnehmerinnen sieht. Mit den Workshops will sie nicht nur versuchen, ihnen ein bisschen Wissen zu injizieren, sondern Senioren auch ermöglichen, diese Art der Kunst wertzuschätzen, wenn sie das nächste Mal Graffitis auf der Straße sehen. »Das hilft ihnen dabei, sich mehr in der Gesellschaft und in ihren Wohnvierteln zu integrieren«, sagt Lara, die überzeugt ist, dass die Seniorinnen eine Menge zurückgeben können, wenn man ihnen nur den kreativen Raum dafür schafft. Und wenn man sie dazu motivieren kann.

Als Beispiel nennt Lara, mit schwerer Stimme, den Namen jener Frau, die sich beim allerersten Workshop als herausragende Künstlerin entpuppte: Luísa Cortesão, besser bekannt unter ihrem Tag *L. Sie entwarf auch das Logo von Lata 65: eine sprühende Oma. Luísa, eine pensionierte Ärztin, bemalte Lissabons Wände und unterrichtete selbst bei den Workshops, bis sie vergangenes Jahr ihrem Krebsleiden erlag. Ihre Kunstwerke aber schmücken heute noch die Stadt.

In der Hoffnung, eine neue Luísa fördern zu können, ermutigen Lara und Adres wirklich euphorische Teilnehmerinnen dazu, hinauszugehen und Wände anzusprayen – auch wenn sich die Seniorinnen vor der Polizei fürchten. Schließlich »schickt sich das nicht als Dame im fortgeschrittenen Alter«. Adres erzählt eine Anekdote aus Luísas Leben: »Einmal wurde sie beim Sprayen von der Polizei angehalten und gefragt, was sie da tue. Von Schock überwältigt, starrten die beiden Beamten sie an, als Luísa ihnen antwortete, dass sie Graffitis an die Wand sprühe. Was sollten sie schon tun? Die Frau festnehmen und auf die Station bringen? Anzeige erstatten? Am Ende des Tages käme der

Vorgesetzte, um mit seinen Polizisten zu schimpfen: ›Da draußen laufen Mörder und Vergewaltiger herum und ihr verhaftet eine verrückte Oma, weil sie Wände anmalt? Bringt sie nach Hause und dann kümmert euch um die wirklich Kriminellen.‹«

Um Punkt siebzehn Uhr hupt ein Bus dreimal, um die Damen aus dem Tagesheim abzuholen und sicher zu ihren Familien zu führen. Die Teilnehmerinnen lassen ihre Kunstwerke liegen und eilen aus dem Zimmer. Aber anstelle von schüchternen Seniorinnen verlassen an diesem Nachmittag lachende Menschen das Heim, lebhaft und fröhlich wie Kinder.

Tags darauf trifft Lara ihre Graffiti-Omas zum Showdown, um sich an einer jungfräulich gelben Wand zu vergehen. Viele Teilnehmerinnen haben seit ihrer Kindheit nicht mehr gemalt – und schon gar nicht auf Wände. Maria hält sich vorerst im Hintergrund. Enthusiastisch stülpen die Graffiti-Omas Altkleider und Plastikschürzen über, ziehen Handschuhe an und setzen Mundschutzmasken auf. Zum Schluss bewaffnet sich jede mit einer Farbdose. Adres erklärt die Sicherheitsregeln: »Den Knopf in der Mitte hinunterdrücken und immer vom Gesicht weg sprühen!« Mit dem Schütteln der Dosen legen die Omas endgültig ihre tagtägliche Frustration und Starre ab, ehe sie sich zaghaft und ungeschickt an der Wand versuchen. Freehand heißt der Stil, bei dem nach Lust und Laune gemalt und geschrieben wird. »Näher ran mit der Dose«, empfiehlt Lara und schreit: »Und jetzt drückt voll drauf!«

Dieser Satz animiert die Damen dazu, ausgelassen zu sprühen. Vergessen sind die Schmerzen in ihren Armen und Beinen – und auch alle anderen Leiden, zumindest für den Moment.

Grund zur Freude haben nicht nur die Seniorinnen, sondern auch Lara und Adres, die stolzerfüllt darüber wachen, dass niemand umkippt, die Dose falsch hält oder sich sonst verletzt. Der Tumult erzeugt Sympathie in der Nachbarschaft. Neugierige Bewohner blicken aus den verwitterten Fensterläden ihrer Häuser und können ihren Augen kaum trauen: Alte Menschen brechen die Regeln und tun etwas, das ihnen sonst untersagt ist. Und sie genießen es.

»Die Spraydose«, sagt Lara, »verfügt über eine magische Kraft. Sie funktioniert wie ein Schlüssel. Du drückst das Ventil und Farbe strömt heraus, die sofort zum Zeichnen anregt. Jahrelang hören die Omas, dass sie zu alt für dies oder das seien. Dieser immer gleiche Satz hinterlässt ein bitteres Souvenir: kaputtes Selbstvertrauen. Jetzt aber hinterlassen sie ihr eigenes Souvenir, das sie täglich daran erinnert, wozu sie auch noch in fortgeschrittenem Alter fähig sind.«

Während also irgendwo in Lissabon ein paar Greisinnen in altmodischen Kittelschürzen mit der Farbe auch das Ende ihrer Langeweile an eine Wand sprühen, beobachtet Maria ihre Kolleginnen aus der Ferne. »Vandalen«, schimpft ihre kritische Stimme. »*Tudo bem?*«, frage ich sie. »Alles gut?« Verwirrt blickt sie zu mir: »*Tudo bem*, mein Sohn! Ich bin nur müde vom Leben.« Aufgewachsen in einem Dorf in Nordostportugal, wurde Maria mit siebzehn Jahren verheiratet. Die Schule hat sie nur von außen gesehen. Ihr Leben teilte sie zwischen der Feldarbeit und ihrem Mann, ehe dieser vor knapp zwei Jahren verstorben ist. Den Schmerz über diesen und andere Verluste verraten Marias Augen heute noch. Sie schwärmt von ihrer *quinta*, ihrem Stück Land, von Kohl, Erdäpfeln und anderen Produkten, die sie dort dem Boden abringen konnte, und einem Leben ohne Schnickschnack. Die Hände der Greisin liegen übereinander gefaltet auf ihrem Schoß. Übersät von Altersflecken, braun und rau zeugen sie von den harten Jahren auf dem Acker. Mit Kunst hat die alte Frau wenig am Hut. »Mein Museum war mein Acker«, sagt sie. Wie kam sie darauf, an Laras Kurs teilzunehmen? »Ich habe ja sonst nichts zu tun«, antwortet Maria in gewohnt grantiger Manier. Wer zu viel Leid in sich trägt, geht daran zugrunde. Oder wird zynisch, wie Maria.

Missmutig lässt sie sich schlussendlich von den anderen Graffiti-Omas zur Wand schleifen, stülpt ein paar Gummihandschuhe über, schüttelt ihre Farbdose und drückt den Finger auf das Ventil. Kurz darauf betrachtet sie ihr Werk, dessen Botschaft fortan die Außenwand des Tagesheims schmückt: ein knallrotes Herz. Penibel füllt sie es mit Farbe aus, lässt nicht einen Fingerbreit aus, auch wenn sie nach und nach die Kraft verlässt. Zur Hilfe nimmt sie ihre zweite Hand. Danach hält Maria die eigenhändig angefertigte Schablone an die Mauer und besprüht diese mit schwarzer Farbe, sodass ein weiteres Bild an der Wand zurückbleibt: drei Küken. Zum Schluss markiert sie ihr Kunstwerk mit dem eigenen Tag: Alves. Maria nimmt ihre Schutzmaske ab und schnauft erleichtert. »Genug des Vandalismus«, sagt sie schnippisch. »Ich brauche eine Pause!«

Punkt siebzehn Uhr hupt der Bus erneut dreimal und der Tumult findet ein jähes Ende. Schweren Herzens trennen sich die Graffiti-Omas von den Spraydosen. Einige haben Tränen in den Augen, als sie sich von Lara und Adres verabschieden. »Kommt bald wieder«, sagen sie hoffnungsvoll. Zurück bleibt eine Wand, geschmückt von einem Mischmasch aus Freehand-Graffiti, Schablonen und siebzehn verschiedenen Tags, wild übereinander gesprüht. Über all dem wacht die sprühende Oma, das Logo von Lata 65. »Der Workshop nach dem Workshop folgt erst«, sagt Lara. »Ab morgen schleifen sie ihre Kinder, Enkel und Urenkel zu dieser Wand und erklären ihnen im Detail, was sie gezeichnet, geschnitten und schließlich gesprayt haben. Sie hinterlassen nicht nur Farbe auf den Wänden, sondern Eindruck bei ihren Familien.«

Lara fragt Maria zum Abschied, ob ihr der Kurs gefallen hat oder nicht. »Weder noch«, antwortet Maria trocken, bevor sie kurz lächelt: »Aber ich würde es wieder tun.«

# »Bacalhau« ist nicht gleich »bacalhau«

Ein einzelner Satz brachte mich nach Sintra, in Lissabons malerisches Hinterland, und darin ging es kurioserweise um Fisch: »*Bacalhau* kommt doch nicht einmal aus Portugal«, lautete meine lapidare Nebenbemerkung. »Nicht mehr!«, schoss ich noch schnell nach, aber da war es bereits zu spät. Hobbykoch Luís Ehlert schnappte meinen vorlauten Satz am Telefon auf und setzte Gott und die Welt – in Form von Nazaré, der Fischverkäuferin seines Vertrauens – in Bewegung, um mich eines Besseren zu belehren. Einen Monat lang wartete er, bis ihm Nazaré, die ihn seit über dreißig Jahren mit essbaren Schätzen aus dem Atlantik versorgt, ein Stück Kabeljau in die Hand drückte. Tiefgefroren, zwei Kilogramm schwer und am allerwichtigsten: aus portugiesischen Gewässern. Luís lächelte zufrieden und lud zu einem privaten *Bacalhau*-Kochworkshop in sein Heim. Einerseits um mir zu zeigen, wie Portugiesen diese rare Spezialität zubereiten, andererseits um mir den Unterschied zwischen Stockfisch und Kabeljau und vieles mehr über diesen sonderbaren Fisch zu erklären, der aus der portugiesischen Geschichte nicht wegzudenken ist. Genauso wenig wie aus dem Alltag: Jeder Supermarkt und jede *pescaria* in Lissabon ist eingedeckt in eine Wolke aus Meersalz und abgestandenem, getrocknetem Fisch, die die gestapelten Platten verbreiten. Ihr strenger

Geruch vertreibt böse Geister oder lockt Fliegenschwärme an, aber Genuss assoziieren damit nur wenige Besucher, vor allem Ausländer.

Luís Ehlert ist keiner davon. Hauptberuflich arbeitet der Fünfundfünfzigjährige als Unternehmens- und Steuerberater vorwiegend für deutschsprachige Klienten in Portugal. Seine Leidenschaft jedoch liegt im Kochen. Und wenn ein Wirtschafter gerne in der Küche steht, klingt das so: »Steuerberater zu sein ist eine Routinearbeit, die interessant sein kann, meistens aber furchtbar langweilig ist. Als ob man einer Küchenhilfe anordnet, den ganzen Tag Kartoffeln zu schälen.« Um mehr Spaß in ihr Leben zu bekommen, gründeten Luís und seine Frau Regina daher »Insider Cooking« und erfreuen sich seit 2011 daran, interessierten Teilnehmern in Kochkursen die kulinarischen Schätze Portugals näherzubringen. Sofern man es schafft, die Ehlerts in ihrem Dorf Penedo aufzuspüren.

Hinter den sieben Hügeln Lissabons liegt der verträumte Märchenpark von Sintra – ein beliebtes Ausflugsziel vieler Touristen sowie Wochenenddomizil der traditionellen Lissabonner Gesellschaft, um der Großstadthektik zu entfliehen. So traditionell sogar, dass in manchen Familien Frauen von Männern getrennt an den Tischen sitzen. In den von Nebel verschluckten Bergen gilt es allerdings nicht nur, konservative *lisboetas*, saftig grüne Wälder und jahrhundertealte Schlösser zu entdecken, sondern auch die richtige Straße nach Penedo: Eine einsame Allee, eingesäumt von mit Moos bewachsenen Mauern und Bäumen, schlängelt sich bis in die Dreihundertfünfundsechzig-Seelen-Gemeinde. Wer diese Straße findet, kommt auch zum Anwesen der Ehlerts, wo bereits einige *petiscos*, kleine Gaumenfreuden, darauf warten, verspeist zu werden: eingelegte Oliven, Schafsmilchkäse aus der Gemeinde Azeitão, hausgemachte Sardinenpastete sowie *manteiga com chouriço*, Butter mit Paprikawurst und selbst gebackenes Brot. Sinn und Zweck der *petiscos* ist es nicht nur, die Vorfreude auf den eigentlichen Schmaus anzuregen, sondern auf köstliche Weise gleich zwei Lieblingsbeschäftigungen der Portugiesen zu vereinen: gesellig beisammensitzen und naschen. Zunächst serviert uns Regina allerdings *carioca de limao*, mit heißem Wasser aufgegossene Zitronenschalen, deren Früchte ungespritzt im eigenen Garten wachsen, die Größe von Pomelos haben und so gut und frisch duften, dass ich direkt in die Schale beißen möchte.

Blickt man vom Anwesen der Ehlerts bergab, breiten sich seit eh und je der Praia das Maças, Sintras hauseigener »Apfelstrand«, sowie der graublaue Atlantik aus. Im Rücken ragen, noch nicht ganz so lange, die verwunschenen Paläste und Klöster der Kulturlandschaft Sintras durch die vernebelten Baumwipfel. Kein schlechter Ausblick, egal wohin man schaut. Das dachte sich auch Portugals Adel, als er sich einst hier niederließ. Warum aber wohnen die Ehlerts in Penedo? Warum lebt überhaupt irgendjemand an diesem vergessenen Ort? Gut, letztere Frage bliebe wohl ein soziohistorisches Rätsel, gäbe es nicht auch darauf eine Antwort: Penedo galt lange Zeit als beliebter Rückzugsort für Esoteriker, Künstler und Homosexuelle, da sie hier in der Abgeschiedenheit ungestört leben konnten.

Luís Ehlert bezeichnet sich »von Natur aus als Halb-Halb«. Klein wie ein Portugiese, emsig wie ein Deutscher. Ob sein grau meliertes Haar und die freundlichen Augen vom deutschen Vater oder von der portugiesischen Mutter stammen, bleibt ein Geheimnis. Luís ist in Lissabon geboren, wo er auch die ersten acht Lebensjahre wohnte, verbrachte aber den Großteil dieser Zeit auf dem »Apfelstrand« von Sintra. Danach lebte er zwanzig Jahre in Deutschland, bevor seine *saudade*, die Sehnsucht nach Portugal, so sehr an ihm nagte, dass er endgültig »heimkehrte« und sich ein Stück Land in Penedo kaufte, um darauf sein Traumhaus zu bauen. Eine Gegend, die ihn inspiriert und ihm Energie gibt, da er sich hier geerdet fühlt. An seiner Seite die bessere Hälfte aus Altötting namens Regina. Was die beiden verbindet? Vieles, aber vor allem die Liebe zu gutem Essen, tollem Wein und schönem Ambiente. Das sind außerdem drei gute Gründe, um sich in der Region Sintra niederzulassen. Wie viel Zeit auch vergehen mag, in seinem Dorf ist und bleibt Luís dennoch der *alemão*, der Deutsche, wenngleich er genauso Portugiese ist und akzentfrei Portugiesisch spricht. »Nehm ich ihnen aber auch nicht übel«, brummt Luís lächelnd. »Das ist ja irgendwie auch süß gemeint.« Arbeiten wie ein Deutscher, fühlen wie ein Portugiese, lautet seine Devise. »Ich mag die deutsche Effizienz und ich liebe das portugiesische Lebensgefühl.« Beides konfliktfrei zusammenzubringen, fällt ihm aber nicht immer leicht, daher erlaubt er sich sowohl über die Deutschen als auch über die Portugiesen zu schimpfen. »Schließlich betrifft mich beides«, zwinkert Luís. »Und jetzt hol ich mir ein Glas Wein.«

Dass Luís jedem Besucher seine Liebe zu Portugal näherbringen möchte, merke ich bereits, als er mich durch das Anwesen führt, einst ein Hain wuchernder Zitronenbäume, heute ein säuberlich gepflegter Obstgarten. Er schwärmt von dem hauseigenen Bio-Anbau, den frischen Fischen, dem knackigen Gemüse der benachbarten Landwirte und den *reinata*, den besten, weil sauersten Äpfeln der Welt, die natürlich auch in seinem Garten gedeihen. Gleich neben Cherimoyas, Orangen, Avocados, Birnen und wilden Sauerkirschen, aus denen die *lisboetas* ihren stadtbekannten Likör *ginjinha* herstellen. In ihrem Haus vereinen die Ehlerts Kunst und Kulturen aus aller Welt: Teppiche aus Marokko, Lampen aus China, hölzerne Flügeltüren aus Macau, Batik auf Seide aus Westafrika schmücken die hohen Räume und steinernen Böden. Dazwischen schleichen fünf Katzen umher, die sich von den beiden Haushunden nicht einschüchtern lassen.

Aber zurück zum *bacalhau*: Dreihundertfünfundsechzig verschiedene Zubereitungsarten soll es in Portugal für den Nationalfisch geben, eine für jeden Tag im Jahr. Wer lässt sich nur solche Tourismusslogans einfallen? Ich hätte da auch einen: Wer möchte schon täglich Stockfisch essen bei all der Vielfalt, die die portugiesische Küche zu bieten hat? Eventuell etwas uncharmant für einen Werbespruch, aber dennoch treffend. Manche Zungen behaupten auch, dass tausendundein märchenhafte

Gerichte mit *bacalhau* zubereitet werden können. Ob es sich dabei um Gourmet- oder Lästerzungen handelt, bleibt allerdings ungeklärt. Und Lügner meinen sogar, dass es noch mehr Gerichte sind. Bestraft sollen sie werden, indem sie all diese Speisen verzehren müssen! Wie auch immer, ebenso viele Rezepte kann man auch mit Huhn, Garnelen oder Pferd kochen, behaupte ich. Der wesentliche Unterschied zum *bacalhau* jedoch ist, dass dieser auf magische Art und Weise bei jedem Rezept anders schmeckt. Selbst getestet, weder dreihundertfünfundsechzig noch tausendundein, aber zumindest zwei Dutzend Mal.

»Tausendundein Rezepte ist natürlich bescheuert«, meint Luís, »aber es gibt wirklich viele unterschiedliche Zubereitungsarten. Gekocht, gegrillt, gebacken oder auch roh. In Salaten und Suppen, als Vorspeise, als Hauptspeise und ja, auch als Dessert. Ich bin froh, dass der Fisch, im Gegensatz zu Huhn, nicht jedes Mal gleich schmeckt, sonst wäre das ja eine Katastrophe.« Hat er ein Lieblingsrezept? »Ja, der, den wir heute zubereiten, denn ich fühle gerne die Textur des Fisches! *Bacalhau* tendiert beim Kochen schnell dazu auszutrocknen, aber wenn ich dieses Gericht richtig zubereite, bleibt das Fleisch saftig.« Auf dem Menü stehen *carpaccio de bacalhau*, begleitet von ofengebackenem Maisbrot mit Olivenöl und *flor de sal*. Danach folgen *pastéis de bacalhau*, Stockfischkroketten, mit *salada mista*. Und schließlich Luís' Lieblingsgericht: *bacalhau confitado* mit Süßkartoffelpüree. Warum diese Version vom *bacalhau* »überzogen« ist, finde ich bald heraus.

In ihrer Kochschule zaubern Luís und Regina

nicht ausschließlich *Bacalhau*-Gerichte, sondern stellen individuelle Menüs zusammen. Dabei wiederholen sich oft die Favoriten: iberisches schwarzes Schwein, Feldhase in Rotweinsauce, confierte Ente und *Cataplana*-Eintöpfe aller Arten. Und was kann Luís Ehlert nicht kochen? »Vieles«, antwortet er und lacht. »Darum hole ich mir Hilfe aus dem Dorf und lass sie ihre Gerichte kochen. Das gehört zu unserem Konzept dazu. Ich konzentriere mich nur auf die Speisen, die mir Freude bereiten, und das sind bei Gott nicht alle Gerichte. Gegrillten Fisch mache ich nicht. Den auf den richtigen Punkt zu grillen, ist eine Kunst. Und warum soll ich mich abquälen, wenn ich doch umgeben bin von den Restaurants, wo die alten Herren das alle besser können als ich?«

Kochkurse gibt es viele in Lissabon: anonyme Küchen in den Räumlichkeiten einer ehemaligen Textilfabrik, in dem Kulturkomplex LX Factory oder in der Markthalle von Time Out. Für die Besucher ist es nicht nur praktischer, einen Kurs direkt in der Stadt zu belegen, günstiger sind diese auch. »Unser Ansatz ist ein eigener«, sagt Luís. »Hier kochen die Teilnehmer bei uns daheim mit Insidern, nicht nur mit Regina und mir, sondern eben auch mit den Frauen aus unserem Dorf.« »Wir haben hier nicht nur eine traumhafte Landschaft anzubieten«, fügt Regina hinzu, »sondern qualitativ hochwertige Lebensmittel und guten Wein. Diese drei Ingredienzien zusammenzubringen und den Besuchern Zugang dazu ermöglichen, ist unsere Aufgabe.« So entstand die Idee von Insider Cooking: Nach einer Möglichkeit, im Ausland mit Einheimischen zu kochen, suchte Hobbykoch Luís vergebens. »Die Leute bekommen hier ein Paket geschnürt: aus Lissabon raus und hinein in die Natur, aufs Meer schauen und sich mal in eine andere Welt treiben lassen, die Gegend fühlen. Und nebenbei mit uns ein paar urtypisch portugiesische Rezepte erlernen, die sie mit nach Hause nehmen können.« Einmal Insider sein, das authentische Portugal erleben und schmecken und mehr über die traditionelle Küche erfahren, als in jedem Kochbuch steht.

Dass die Ehlerts mit ihren Workshops kein Vermögen verdienen, stört die beiden nicht. Zweck der Kochkurse ist nicht der finanzielle Gewinn, sondern der Zeitvertreib. Spaß soll es machen – und der soll auf die Teilnehmer überspringen. »Ich will nicht mit jenen Anbietern in Lissabon konkurrieren, die das in einer massenbetriebähnlichen Regelmäßigkeit tun«, sagt Luís, »die von den Kunden abhängig sind und darum ihre Kochkurse tagtäglich anbieten müssen. Wir wollen ein Produkt mit Seltenheitswert bleiben, wonach die Leute lechzen, weil sie etwas Besonderes erleben wollen.« »Und außerdem«, fügt Regina hinzu, »muss Luís in der Stimmung für diese Workshops sein, und das ist er ja nicht jeden Tag.«

»Zu den Messern!«, befiehlt der Chef. Für das Carpaccio schneiden wir sowohl den portugiesischen Kabeljau als auch den skandinavischen Stockfisch in hauchdünne Scheiben. Beide sind noch halb gefroren und beide heißen auf Portugiesisch *bacalhau*. Worin liegt denn nun der Unterschied? »Frisch heißt er Kabeljau«, sagt Luís, »und man kann ihn sofort zubereiten, sofern er nicht gefroren ist, denn wir finden ihn kaum noch in Portugal. Gesalzen und getrocknet kommt der Kabeljau jedenfalls aus Island, Norwegen oder Kanada und heißt Stockfisch. Er hält für alle Ewigkeit und um ihn zu essen, muss man ihn erst entsalzen.«

Eine Prozedur, die die Ehlerts bereits übernommen haben. Seit achtundvierzig Stunden wechseln sie regelmäßig das kalte Wasser, in dem die Stockfischplatten schwimmen. Das Einsalzen und Trocknen entzieht dem Fisch das Wasser und macht gleichzeitig sein Fleisch fester und aromatischer. Lässt man ihm die Zeit, saugt er das Wasser wieder auf, wird saftig und verliert im Austausch an Salz. Irgendwann schmeckt der *bacalhau* dann nicht mehr nach gesalzenem Holzbrett, sondern tatsächlich wieder nach kaubarem Fisch.

Mit frischem *bacalhau* zu kochen, ist auch für Luís ein Novum, so selten ist dieser Fisch in Portugal zu bekommen – und wenn, dann überhaupt nur im Jänner oder Februar, da der portugiesische Teil des Atlantiks im restlichen Jahr zu warm für den Kabeljau ist. Regina freut sich besonders darauf, denn sie kann getrockneten *bacalhau* nicht mehr riechen, geschweige denn verspeisen. »Ich habe ihn zu oft gegessen«, sagt die Vierundfünfzigjährige und verzieht lachend das Gesicht.

Zu Reginas Glück bietet das Land mit dem dritthöchsten Fischverzehr der Welt viele Alternativen zum *bacalhau*. Im Jahresschnitt verschlingen die Portugiesen zweiundsechzig Kilogramm Fisch und Meeresfrüchte pro Person. »Regina trinkt aber auch kein Bier – und das als Bayerin«, lästert Luís mit einem Augenzwinkern. Er hingegen isst diesen Fisch gern, ein schmerzhaftes Andenken aus seiner Kindheit. »Wir mussten den jeden Sonntag essen, denn mein Vater liebte Stockfisch, vor allem *bacalhau cozido*, eines der traditionellen Rezepte Portugals, also nur gekochten Stockfisch, dazu zerkochte Kichererbsen und Karotten ohne irgendwas. Diese Version habe ich wirklich nicht gemocht und mag sie bis heute nicht. Ich musste mir den *bacalhau* erst wieder angewöhnen. Heute aber koche ich meine eigenen Rezepte mit Stockfisch – und die schmecken mir richtig gut.«

Wie Luís geht es den meisten Portugiesen – und darum ist der *bacalhau*, wie viele andere Fische auch, längst aus portugiesischen Gewässern und darüber hinaus verschwunden. Leer gefischt! »Früher einmal«, sagt Luís, »war Stockfisch die Küche armer Leute, die einzige Möglichkeit, billigen Fisch zu bekommen, der möglichst lange hält. Mittlerweile aber ist *bacalhau* so selten und teuer, dass er als nationales Kulturgut gilt.« Um seinen immensen Bedarf dennoch zu decken, bedient sich Portugal nun an den Aquakulturen aus dem hohen Norden. »Drei Viertel der Fische, die in Restaurants auf den Tellern landen, kommen mittlerweile aus einer Zucht«, versichert Luís. Kurzum: *Bacalhau* gehört in jeder Variation als Nationalgericht zu Portugal, genauso wie Olivenöl, Wein, *fado* und *azulejos*. Wie kommt es dazu? »Ein Souvenir aus der Eroberungsgeschichte«, sagt Regina. »Gewissermaßen half der Stockfisch bei der Entdeckung Amerikas.« Die Anekdote besagt, der lang haltbare *bacalhau* war überhaupt erst der Grund, warum die Entdecker rund um Christopher Columbus so weit kamen, die Welt, wie wir sie heute kennen, zu erforschen. »Blödsinn«, meint Luís. »Die waren ja ohnehin auf hoher See, umgeben von frischem Fisch. Warum also konservierten Fisch verzehren?« Vielmehr half er den Entdeckern auf ihren imperialistischen Beutezügen dabei, nicht darauf angewiesen zu sein, was sie vor Ort finden würden. Also salzten und trockneten die portugiesischen Seefahrer den Fisch, den sie auf hoher See fingen. Nachdem sie Neuland erreichten, konnten sie so den *bacalhau* auf ihren Eroberungen als Proviant mitnehmen. Dieses enge Verhältnis brachte dem Fisch auch den Namen *fiel amigo* ein, treuer Freund. Begraben wir die Geschichte, weiter geht's mit der Zubereitung.

Mittlerweile sind beide *Bacalhau*-Sorten geschnitten und liegen Scheibe für Scheibe aufgelegt auf separaten Tellern. Für die Marinade quetscht Luís eine Zitrone aus, hackt frische Petersilie, zerstampft rosarote Pfefferkörner in einem Steinmörser und zerkleinert sowohl Zwiebeln als auch Frühlingszwiebeln in dünne Ringe. »Koste mal«, sagt er und reicht mir geschnittene Zwiebel. Sie schmecken süß. »Normale Zwiebeln ruinieren den Geschmack vom Carpaccio, sie ersticken den *bacalhau* regelrecht.« Zum Schluss zermahlt er schwarzen Pfeffer und leert reichlich Olivenöl über die Teller mit den rohen Fischscheiben. »Das muss jetzt eine Zeit lang einwirken«, sagt er. Als Nächstes folgt die Hauptspeise.

Während wir die *lombos*, also dicke, hohe Filetstücke des Stockfisches, von seinem Rückgrat trennen, erzählt Luís, wie er zum Hobbykoch wurde. »Wir hatten zu Hause eigene Köchinnen, die uns mit ihren Künsten verköstigten. Das hat mich bereits als Kind geprägt, denn ich war liebend gerne in dieser Großküche mit dem Holzherd und habe zugesehen, was die Frauen da zauberten. Und die Frische der Produkte und die Gerüche haben mich so angetörnt, dass ich das auch irgendwann können wollte.« Als Luís mit vierzehn Jahren in Deutschland ins Internat kam, besaß er als Einziger einen Kühlschrank, da er dort selber kochte. »Ich konnte die Direktorin überzeugen, dass ich anstelle dieses Fraßes dort etwas Ordentliches essen musste.« Und während des Studiums veranstaltete er für Freunde und Kollegen Essorgien bei sich zu Hause. »Das war einfach immer geil!«

Die fertig gesäuberten und mit mildem Paprikapulver bestäubten Filets legt er in eine Auflaufform, zusammen mit einer halbierten Knoblauchknolle und ein paar Lorbeerblättern. Und dann kommt das Außergewöhnliche an diesem Rezept, das Luís selbst kreiert hat: Er ertränkt den armen Fisch in Olivenöl, leert knapp zwei Liter davon in die Form. »Der *bacalhau* muss komplett eingedeckt sein und darf keinen Luftkontakt haben, ähnlich wie beim Prinzip von Sous-vide«, sagt der Chef. Mit Folie zudecken und ab in den vorgewärmten Ofen, wo der Fisch nun bei fünfundachtzig Grad Celsius eine gute Stunde unter einem Ölteppich gart. Später dekoriert Luís den Fisch mit frischem Koriander, Chilifäden und frittierten Lauchstreifen.

Dass die portugiesische Küche heute mehr als

nur Olivenöl, Salz und Knoblauch nutzt und Ingredienzien aus aller Welt vereint, war in dem Lissabon von Luís' Kindheit undenkbar. »Da hat sich wirklich viel geändert«, sagt er. »Unsere zeitgenössische portugiesische Küche hat sich in den vergangenen fünfzehn Jahren zu etwas Neuem entwickelt, auch mit ausländischen Zutaten, Know-how und Techniken. Bis in die späten achtziger Jahre war Lissabons Küche einfach und traditionell. Trotz der vielen Kolonien haben sich die Portugiesen beim Essen nie von anderen Kulturen inspirieren lassen, dabei hätte es aufgrund der Überseegebiete einen potenziellen Fundus an Kocheinflüssen und Gewürzen zu entdecken gegeben. Die unterschiedlichen Küchen zu fusionieren, lag auch nicht im Sinne der Zeit. Dazu ging es uns auch zu schlecht nach der Revolution hier. Erst ab den neunziger Jahren, und da hat die Expo 1998 sicherlich auch dazu beigetragen, öffneten wir uns gegenüber anderen Kulturen beim Kochen – und heute ist Lissabon total hip und angesagt. Hier kann man zweifellos genauso gut essen wie in Rom, London oder Paris. Ich meine nicht nur erstklassige, alteingesessene *tascas* und Restaurants, die klassische Gerichte servieren, sondern ich finde jetzt jene neuen, modernen Küchen, die ich vor fünfzehn Jahren vergeblich suchte.« Zum Beispiel die heutige Hauptspeisenbeilage: ein Süßkartoffelpüree. Am Herd brodelt bereits ein Topf. Sein Inhalt: geschälte und geschnittene Süßkartoffeln und Ingwer, die in Kokusnussmilch köcheln. Luís würzt mit Salz, Pfeffer, Piment und Muskatnuss und rührt kräftig um. Zwanzig Minuten lang lässt er die Zutaten ziehen, bevor er sie püriert. »Hunderte Jahre lang aßen die Leute südlich von Lissabon Süßkartoffeln und niemand wollte das in der Stadt. Heute ist es Fashion, überall in Europa«, sagt Luís.

Währenddessen kümmert sich Regina um die Kroketten: Sie trennt Haut und Knochen vom vorgekochten *bacalhau* und zerpflückt ihn in fasrige Stückchen, bevor sie diese in einem Tuch wälzt, um das Fleisch weichzumassieren und auch die letzten Gräten herauszufiltern. Dann vermischt sie die zerrupften Stücke mit Mehl, Eiern, Zwiebeln, Knoblauch, Petersilie und gekochten Kartoffeln zu einem Teig. Chefkoch Luís schmeckt diesen noch mit Salz und Pfeffer ab, bevor er mit zwei Löffeln Nockerl formt, die er in heißem Olivenöl goldbraun frittiert.

Zwei wesentliche Punkte unterscheiden Luís von Portugals Vorzeigekoch José Avillez, der in der Lissabonner Innenstadt gleich mehrere Restaurants führt. Luís' Kochkunst ist weder ein Kunstwerk noch ein Molekularexperiment, sondern ehrlich und bodenständig, so wie die portugiesische Küche von Natur aus ist. »Keep it simple«, lautet sein Credo: Wenige Grundzutaten von erstklassiger Qualität und mit dem Eigengeschmack arbeiten. Und versuchen, der klassisch-rustikalen Küche die Schwere und Deftigkeit zu nehmen, die nicht nur in den Speisen, sondern auch im harten Leben des ländlichen Portugal zu finden ist. Außerdem können die Teilnehmer Luís' Gerichte zu Hause nachkochen. »Avillez in Ehren«, sagt Luís, »aber das ist eine eigene Welt, in der man auch ein spezielles Knowhow braucht. Geschmäcker sind bekanntlich verschieden, aber es ist auch eine Genussfrage: Wenn es toll aussieht, aber nur durchschnittlich schmeckt, bin ich unzufrieden. Molekulargastronomie ist ein Feld, in dem wir uns nicht bewegen können und wollen. Ich muss kein Sternekoch sein, um gut zu kochen, solange ich gewisse Grundprinzipien, wie unterschiedliche Garzeiten der Lebensmittel, einhalte.« *A cozinha portuguesa*, die portugiesische Küche ist schlicht, aber extrem gut, findet er. Ich auch, denn Luís' Menü wird zum Triumph!

Nach dem Verzehr des Carpaccio vergleichen und befinden wir einstimmig, dass der frische Kabeljau gegen den intensiven Stockfisch geschmacklich untergeht. Fazit: Er verschwindet fortan aus Luís' Küche.

Der in Olivenöl ertränkte *bacalhau confitado* ist so perfekt auf den Punkt gegart, dass sich die einzelnen Scheiben wie Buttersplitter schichtweise voneinander lösen, als ich versuche, mit der Gabel hineinzustechen. Spätestens aber auf der Zunge zerfallen sie endgültig. Saftig, weich und zart. Keine Spur davon, einen Klotz im Magen zu haben, ein Phänomen, das nur mit *bacalhau* klappt, da seine Poren sich beim Salzen und Entsalzen schließen und der Fisch dadurch nur wenig Öl aufsaugt.

Und die *pastéis de bacalhau* entpuppen sich als köstliche Sünde. Sie schmecken so flockig und leicht, dass ich viel zu viele davon esse. Um meinem Magen eine Zukunftschance zu gewähren und mir komplette Schlaflosigkeit zu ersparen, gönne ich mir flüssiges Dessert in Form von *medronho*, einem mühsam hergestellten Obstschnaps aus der Algarve.

Am Ende des Tages leide ich dennoch unter einer *Bacalhau*-Überdosis und kann trotzdem an nichts anderes mehr denken als an diesen eigentümlichen Fisch. Noch lange habe ich nicht genug davon und freue mich auf dreihundertzweiundsechzig weitere Rezepte damit. Oder sogar noch mehr. *E bom apetite!*

# Das schwarze Schaf


Voll gepfercht mit ausländischen Touristen und portugiesischen Besuchern rollt die Schnellbahn aus der Station Rossio. Beinahe alle sind auf dem Weg von Lissabons schickem Innenstadtbahnhof nach Sintra, der mystischen Kleinstadt an der Westküste Portugals. Vierzig Minuten dauert die Fahrt mit der Linha de Sintra zu dem beliebten Ausflugsziel, aber bereits nach elf Minuten steigen wenige Fahrgäste an der Station Santa Cruz/Damaia aus. Keiner von ihnen ist ein Tourist: ein paar Afrikanerinnen, ein portugiesischer Junkie – und ich. Wahrscheinlich ist den wenigsten Fahrgästen bewusst, dass dieser Ort überhaupt existiert oder ihnen ist in den vergangenen elf Minuten die gleiche mediale Schlagzeile durch den Kopf gegangen wie mir: »Cova da Moura – Der gefährlichste Slum Europas«

Während die Afrikanerinnen lautstark davonschlendern, wartet der Junkie kommentarlos und nervös auf mich. Da er kein Ticket besitzt, um durch den automatischen Schranken aus der Station zu gelangen, nutzt er mich als Ausweg. Kaum haben wir uns dicht aneinandergedrängt durch die offene Schiebetür bewegt, bittet er zunächst um eine Geldspende und bietet mir, nachdem ich seinem Wunsch nicht nachkomme, sogleich Pillen zum Verkauf an. Noch bevor ich antworten kann, sehe ich bereits Paulos winkende Hand auf mich zulaufen und meine flüchtige Bekanntschaft verschwindet eilig. Paulo heißt jener freiwillige Mitarbeiter der Organisation Moinho, der mich die nächsten zwei Stunden durch seine Heimat begleiten soll: die Cova da Moura, ein Viertel so groß wie zwanzig Fußballfelder, eingequetscht zwischen Autobahn und Zugstation. Wie ein Slumbewohner sieht der siebenunddreißigjährige Paulo jedenfalls nicht aus. Seine schwarze Lederjacke ist gepflegt, er trägt Dreitagebart, hat zarte Hände und gutmütige Augen. Andererseits, wie sieht ein typischer Slumbewohner eigentlich aus?

In und um Lissabon herum überhäufen Anbieter die Besucher mit geführten Touren, als wäre es strategisches Kalkül, um Lissabon von der Invasion frei zu halten. Anstelle von Waffen benutzen sie ihre Aufdringlichkeit: Ausflüge auf Elektrorädern oder Segways, in Amphibienfahrzeugen oder knallgelben Elektrobuggys, mit Tuktuks, Safari-Jeeps oder schlicht zu Fuß. Exkursionen mit Schwerpunkt auf Street-Art, auf Anti-Tourismus, auf die Auswirkungen der Finanzkrise, auf *fado* und Portwein oder auf *pastéis de nata*. Die Liste ist genauso skurril wie endlos. Aber eine geführte Tour durch das Elendsviertel von Lissabon? Das Angebot von Moinho klang vielversprechend anders, wenngleich ich bei dem Gedanken, durch einen Slum geschleift zu werden, sofort abscheuliche Bilder aus den Favelas in Rio de Janeiro vor Augen habe: Dort fahren Agenturen interessierte Voyeure in gepanzerten Autos mit getönten Fensterscheiben durch die Armenviertel wie durch einen Zoo. Würdelos für die einen, unterhaltsam für die anderen. Paulo verspricht hoch und heilig, dass sein Ausflug anders verläuft. Sehenswürdigkeiten, Einkaufsstraßen und andere touristische Highlights erwarte ich mir keine. »Hier«, sagt Paulo, »bekommen Besucher Afrika im Kleinformat: Kulinarik, Kultur und Lebensgefühl der ehemaligen portugiesischen Kolonie Cabo Verde.« Hotels oder Gasthäuser gibt es allerdings nicht. Noch nicht. Ein Problem zu später Stunde, denn der Zug fährt nur bis kurz nach Mitternacht, und so mancher Taxifahrer wagt sich nicht hinein in den »Schandfleck Lissabons«, es sei denn, um sich Drogen zu besorgen. »Dabei ist es einfacher, in Lissabons Innenstadt an Stoff zu kommen«, sagt Paulo.

Wir überschreiten die unsichtbare Grenze in das Viertel und begegnen einem älteren Herrn, der sich als Armando vorstellt. Er trägt eine blaue Kappe auf dem Kopf, »Millionär«, steht darauf geschrieben. »Paulinho«, lallt Armando sichtlich betrunken. »Dein Vater und ich waren zusammen auf den Kapverden in der Schule, wir haben gemeinsam auf Schiffen gearbeitet und dann sind wir hierhergekommen. Du bist wie ein Sohn für mich.« Paulo lächelt verlegen und ahnt bereits, was auf ihn zukommt. Später wird er sagen, dass er diese Geschichte schon hundertmal hören musste. Armandos Stimme senkt sich, als er seinen Kopf zu Paulo beugt: »Hast du ein bisschen Kleingeld für einen *cafezinho*?« Paulo willigt selbstverständlich ein und gibt dem alten Mann fünfzig Cent. »Danke, mein Sohn«, sagt er, »dein Gesicht werd ich nie vergessen!« Als wir weitergehen, bestätigt Paulo, dass Armando und sein Vater von der gleichen Insel auf den Kapverden stammen: Santo Antão. »Das ist gleichzeitig Vor- und Nachteil einer so kleinen Gesellschaft«, sagt er. »Hier kennt jeder jeden, und wir sind wie eine große Familie. Dem entkommt niemand so leicht. Vor allem für die jungen Bewohner stellt das oftmals ein Problem dar. Wenig Privatsphäre!«

Zwischen sechs- und siebentausend Menschen leben in der Cova da Moura, je nachdem, wie viele Durchreisende gerade zu Besuch sind. Da drei Viertel davon aus Cabo Verde stammen, nennen die Bewohner den Vorort auch die »elfte Insel der Kapverden«. Die restlichen Bewohner kommen aus Nordportugal und den anderen portugiesischen Exkolonien Afrikas: Angola, Mosambik, Guinea-Bissau, São Tomé – und in jüngerer Vergangenheit zieht es auch Arbeitsmigranten aus Moldawien und der Ukraine in das Viertel. Den Großteil seiner bisherigen Lebenszeit hat Paulo in der Cova verbracht, sie ist sein Zuhause. Dazwischen studierte er, dank eines Stipendiums, Management in Taiwan. Hauptberuflich arbeitet Paulo in einem Büro der Einwanderungsbehörde. Auf den Kapverden war er nur zweimal: Urlaub machen.

Die Tour beginnt – keine fünf Minuten von der Zugstation entfernt – im Princesa. Fünf Tische, viermal so viele Sessel, stapelweise Bierkisten und ein gläserner Tresen dekorieren die Taverne. »Ich bin Zigeunerin«, kreischt eine Frau mehrmals, bevor sie durch ihre Zahnlücken an einem Glas weiternippt. Im Gegensatz zu allen anderen Anwesenden ist sie die Einzige unter Vierzig. Die umliegenden Senioren lassen sich von ihrem Geplärr nicht irritieren, unterhalten sich, trinken Flaschenbier. »Kein Anschreiben«, warnt eine Plakette über den Spirituosen, die sich an der Thekenwand stapeln. Davor wacht Barfrau Maria Lopes, sie rührt gerade in einer roten Plastikschüssel Teig für einen Orangenkuchen. Ihr Gatte Manuel spielt an einem der Tische Domino mit drei Freunden.

Als uneheliches Kind trägt der achtundsechzigjährige Manuel zwar nicht den Nachnamen seines Vaters, dennoch ist er der leibliche Nachkomme der nordportugiesischen Familie Moura, jener ersten Bewohner, die sich hier vor über fünfzig Jahren angesiedelt und damit der Cova da Moura ihren Namen verliehen haben. Damals war die Gegend ein hügeliger Acker, auf dem angepflanzt wurde, was der Boden hergab: Salatköpfe, Kohl, Erdäpfel und Zwiebeln. Die Mouras bearbeiteten für die Grundbesitzer das Land und lebten dafür kostenlos in einer ärmlichen Holzbaracke nahe des Steinbruchs, den es neben all dem Farmland auch gab. »Willst du einen *moscatel*?«, fragt Barfrau Maria Lopes, als ob es einer gewissen Logik nicht entbehre. »Ist das nicht ein Dessertwein?«, antworte ich verblüfft. »Ja, ist er.« »Aber es ist ja erst elf Uhr!« »Na und? Es ist ja auch Sonntag.« Zwar verstehe ich den Zusammenhang zwischen Sonntag und zeitig *moscatel* trinken nicht, aber diese Bar sieht mir ohnehin nicht so aus, als ob hier irgendjemand bei zeitigem Alkoholkonsum Ausreden bräuchte. »Kann man den auch als Aperitif trinken?«, frage ich sie. »Mit *moscatel* kannst du alles machen.« »Dann hätte ich gerne einen!« Mein Magen knurrt. Lieber wäre mir zwar Dona Lopes' Orangenkuchen, aber der dauert wohl noch eine Weile. Zusammen mit einem großzügig gefüllten Glas reicht mir die Dreiundsechzigjährige einige Fotos. »Vorsicht«, sagt sie warnend. »Natürlich«, antworte ich und greife mit Samtpfötchen nach den Aufnahmen. Dona Lopes lacht. »Ich mein nicht die Bilder, mein Sohn, sondern mit dem *moscatel*. Der macht schnell betrunken.« Vor allem auf nüchternen Magen, denke ich. Auf den Bildern sind ihre Schwiegereltern vor dem Rohbau des ersten Familienhäuschens in der Cova zu sehen, umgeben von reichlich Acker und einem Fluss, aus dem die Kinder Wasser holen. Und jener kleine Steinbruch, nach dem das Viertel heute benannt ist.

Kaum zu glauben, wie es hier vor nicht einmal zwei Generationen ausgesehen hat, als ich aus der Taverne blicke: Asphalt, Straßenlaternen, Häuser, Satellitenschüsseln, Kanalisation, fließendes Wasser. Ein richtiges Städtchen eben, das weiterhin wächst. Die in bunten Farben angepinselten Häuser sind so gebaut wie auf den Kapverden: blockartig und mit Flachdach, damit ihre Bewohner immer noch ein Stockwerk dazubauen können, falls einmal Geld vorhanden ist. Außerdem schattenspendend und großräumig, da immer Platz genug sein muss für die Familie, die schnell mal auf vierzig engste Mitglieder anwachsen kann. Gegenüber sehe ich ein Haus, das nur aus einem Stockwerk besteht. Ist den Nachbarn das Geld ausgegangen? »Indirekt ja«, sagt Paulo und lächelt verlegen. »Ihm sind Frauen und Alkohol wichtiger als ein Obergeschoß.« Carpe diem! Ein anderer Nachbar hingegen besitzt sogar fünf Stockwerke. »Er behaust die unteren vier, und im obersten Geschoß wohnen seine Hühner.« Im Ernst? Na ja, zumindest stiehlt sie ihm keiner.

Während Dona Lopes den fertig gerührten Teig in eine Backform leert, erzählt sie, wie sich zunächst nach und nach Familien aus Nordportugal in der Cova ansiedelten, um das Land zu bestellen. »Niemand hatte Geld, um sich Grund zu kaufen. Somit waren wir die Einzigen, die legal Häuser gebaut haben. Alles, was danach errichtet wurde, war illegal.« Die Nähe zu Lissabon und die Möglichkeit, ohne Grundbesitz ein Haus zu errichten, lockte verzweifelte Migranten aus anderen Ländern an. Vor allem mit dem Ende der Kolonialkriege und nach der Nelkenrevolution 1974 zogen Hunderte Afrikaner und Portugiesen aus den afrikanischen Kolonien hierher. Damals waren billige Arbeitskräfte erwünscht, um die Metro und andere Großprojekte in Lissabon zu errichten. »Hier ist es wie in Kuba«, sagt Dona Lopes. »Alle Bewohner sind gleich. Wir haben das Land einfach aufgeteilt und gesagt, du nimmst diese Ecke, ich nehme jene. Egal ob Weiß oder Schwarz. Hier war niemand reich.« Die Eigner drückten ein Auge zu, da es sich um »politisch schwierige Zeiten« handelte. Und so bauten alle – ohne Erlaubnis – zunächst ihre Zelte, später ihre Holzhütten und schließlich eigene Ziegelhäuschen auf diesem Hügel – und jeder half mit. »*Djunta mon*« heißt dieser Vorgang der Nachbarschaftshilfe. »Gemeinsam Hand anlegen.« Diese Woche hilfst du mir, mein Haus zu bauen, nächste Woche errichten wir gemeinsam deines. Waren die Häuser zu Beginn noch durch enge Gassen getrennt, planten und bauten die Bewohner erst ab der zweiten Generation stadtarchitektonisch. Sie errichteten so breite Straßen, dass auch Autos Zufahrt hatten. Keiner der Bewohner war oder ist Architekt, aber das Wissen, das sich die Arbeiter am Bau von Lissabon aneigneten, reichte aus. Die Häuser stehen immer noch.

Seit gut zehn Jahren rächt sich nun aber der illegale Hausbau. »Der Slum soll verschwinden«, meinen die Anrainer. Die Stadtverwaltung verfügte, die Cova niederzureißen, um das Gelände an reiche Investoren zu verkaufen. Zu gut ist die Lage, zu kostbar der Boden. Hundert Millionen Euro ist er wert – eine Goldgrube. Ein Streit um die Cova brach aus, denn die Bewohner ließen sich nicht vertreiben, starteten Initiativen, stellten die essenzielle Frage: Gehört die Cova dem Staat, den Grundbesitzern oder den Bewohnern? »Das war der Moment, in dem die mediale Schmutzkampagne gegen die Cova startete«, sagt Paulo, »und als Gegenstück auch die Idee der Organisation Moinho, Menschen durch die Cova zu führen.« Die Situation ist verzwickt, denn jeder vertritt seine Interessen. Die Bewohner können die Häuser nicht legal beanspruchen, da sie diese einst illegal bauten, nennen aber das Land seit vierzig Jahren ihre Heimat, haben Wohnungen, Geschäfte, Restaurants, Spielplätze und sogar eine Schule darauf errichtet. Aber reicht ein vier Jahrzehnte altes Kulturerbe als legitime Basis? Neben den Bewohnern zahlen allerdings auch die vier Grundbesitzer-Familien Steuern an den Staat, wenngleich sie nie für den Landverlust entschädigt wurden. Die Klage um dieses Geld schieben einander Behörden und Ministerien seit Ewigkeiten gegenseitig zu, denn keiner will reagieren. Man munkelt, dass die Grundbesitzer mit einem anderen Stück Land abgespeist werden. Versprechen, die sich nie erfüllen. Vor einigen Jahren wollten einige Bewohner der Cova den Eignern das Land, auf dem sie wohnten, offiziell abkaufen, aber die Stadtverwaltung wusste das zu verhindern. Sie erkannte, dass die Cova soziokulturell gesehen etwas Einzigartiges ist, das geschützt gehört: ein Stück Afrika in Europa. Vorerst brauchen sich die Bewohner also nicht um Bulldozer zu sorgen, dennoch bleibt die Zukunft offen. »Wir rechnen jeden Tag damit«, meint Paulo.

»Früher war die Cova zwar ein armes Pflaster«, sagt Dona Lopes in Erinnerungen schwelgend, »aber wir hielten alle zusammen und halfen einander. Jetzt ist alles anders. Früher waren wir Weißen in der Mehrheit, heute seid ihr das«, sagt sie zu Paulo, der sich selbst als »Portugiese mit kapverdischen Einflüssen« bezeichnet. »Aber du«, versichert sie, »du bist ein guter Junge, im Gegensatz zu vielen anderen!« Einmal wurde Dona Lopes in ihrer eigenen Taverne von vier maskierten Männern ausgeraubt. »Das waren wahrscheinlich Leute von außerhalb«, sagt Paulo hoffnungsvoll, »aber wer weiß das schon?«

Wir verlassen das Princesa, um die Unruhestifter aufzusuchen, von denen Maria Lopes spricht:

Drogenhändler, Junkies und Kleinkriminelle. Sie behausen jene hundert Meter in der Cova, die für den schlechten Ruf der Kleinstadt verantwortlich sind und mit Schlagzeilen wie »gefährlichster Ort Portugals« in nationalen und internationalen Medien aufhorchen lassen. »Besser du fotografierst hier nicht«, rät Paulo. Ich habe Bilder aus den Elendsvierteln von Port-au-Prince, Rio de Janeiro und Kapstadt vor den Augen, aber mit dem, wie es hier tatsächlich aussieht, haben sie überhaupt nichts gemein. Auf den gefährlichen hundert Metern der Cova lümmeln finstere Gestalten vor dubiosen Spelunken. Sie grüßen höflich, aber verwundert. Ein paar – wohlgemerkt angeleinte – Kampfhunde, die bellen, und ein Internetcafé, in dem wohl mehr als nur Surfen angeboten wird. »300 Niggas«, steht auf mehreren Hauswänden geschrieben. Eine Drogenbande? »Glaub ich nicht«, sagt Paulo. »Wir können ja nicht einmal ein Fußballspiel aufstellen. Wie soll sich da eine Gang organisieren?« Zu behaupten, dass es hier gar kein organisiertes Verbrechen gebe, wäre allerdings auch verfehlt. Das weiß auch Paulo. Aus einem Haus dröhnen lautstark 2Pacs Beats seines Liedes »Changes«, davor wackeln junge Mädchen mit ihren Hüften zu den Rhythmen. »Typisch kapverdische Musik«, scherzt Paulo.

Von einem Elendsviertel zu sprechen, wäre nicht nur fehl am Platz, sondern eine Beleidigung. Dafür ist es zu ordentlich hier, zu sauber, zu freundlich, zu reich, zu harmlos. Keine sichtbare Spur von Armut und Lethargie. Hätte mich Paulo nicht vorgewarnt, mir wäre kein Unterschied zur restlichen

Cova aufgefallen. »Genau das ist unser Problem«, erzählt er. »Dieser Ort ist wie jeder andere auf der Welt: voll mit guten und schlechten Menschen, mit intelligenten und dummen, mit faulen und fleißigen Bewohnern. Hier sind gleich viele Menschen kriminell wie überall anders in Portugal. Der letzte Mord liegt mehr als ein Jahr zurück. Aber die Medien berichten nur aus der Cova, wenn es negative Schlagzeilen gibt. Über Positives oder zumindest Neutrales informieren sie selten bis gar nicht, beispielsweise wenn der portugiesische Präsident zu Besuch kommt, um sich selbst ein Bild von unserem Viertel zu machen.« Nicht nur die Berichterstattung über Präsident Marcelos Besuch war spärlich. Auch sein Kabinett blieb daheim.

Paulos Freund Jorge Humberto Fernandes hat ein wissenschaftliches Buch über das Verhältnis zwischen der Cova und den Medien geschrieben. Seine Analyse liest sich ernüchternd: Viele Artikel wurden von Journalisten verfasst, die noch nicht einmal einen Fuß in die Ortschaft gesetzt haben. »In der Denkweise der Menschen, die außerhalb leben, klingt die Cova nach einem furchtbaren Ort, denn alles, was sie darüber wissen, sind Mord, Raub, Drogen und andere Verbrechen«, sagt Paulo betrübt. »Überall auf der Welt gibt es ein schwarzes Schaf, einen Ort zum Ankreiden. In Lissabon sind das wir.«

Vor allem jene portugiesischen Revolverblätter, die sich vorwiegend auf Fußball und weibliche Hintern konzentrieren, berichten nur allzu gerne über die Schattenseiten der Cova und schaden damit der Kleinstadt und ihren Bewohnern nachhaltig. »Wenn ich mich für eine Arbeit bewerbe«, sagt Paulo, »darf ich nicht einmal sagen, dass ich aus der Cova komme, sonst kann ich das Interview gleich abhaken. Die Stereotype ›Krimineller‹ und ›gefährlich‹ schwirren den Leuten sofort in den Köpfen herum. Ich sage, ich komme aus dem Nachbarort Alfragide, dem Industrieviertel Lissabons, das ist zumindest neutral. Wenn sie mich dann näher kennenlernen und ich gestehe, dass ich aus der Cova komme, verstehen sie die Welt nicht mehr. Viele von außerhalb scheuen deshalb vor einem Besuch in der Cova zurück, aber wenn sie einmal hier waren, kommen sie immer wieder gerne zurück!«

Das wirkliche Problem der Cova liegt für Paulo in der mit Arbeitslosigkeit gekoppelten Armut. »Für die Außenwelt sind wir einfach nur afrikanische Migranten irgendwo an der Peripherie Lissabons, egal wie lange wir schon hier leben. Hier drinnen sind dreimal so viele Menschen unbeschäftigt wie im restlichen Portugal. Da wittern gerade junge Leute schnelles Geld mit Drogenhandel. Und aufgrund des geringen Einkommens ist auch das Bildungsniveau niedrig.« Jeder zehnte Bewohner kann weder lesen noch schreiben. Diejenigen, die Arbeit finden, verdienen ihr Geld als Reinigungs- und Haushaltshilfen oder auf Baustellen. »Sklavenarbeit« nennt das Paulo: »Für schlechte Bezahlung arbeiten die Eltern von frühmorgens bis spätabends. Die Kinder sind den ganzen Tag auf sich allein gestellt. Niemand, der ihnen sagt, sie sollen ihre Hausaufgaben machen. Die meisten Erwachsenen besuchten höchstens die Unterstufe, über einen Universitätsabschluss verfügt kaum jemand. Das ist auch kulturell bedingt, da wir Kapverder bereits in jungen Jahren anfangen zu arbeiten und dieses Verhalten an unsere Kinder weitergeben.« Ein weiteres Problem sieht Paulo in der eingeschränkten Mobilität. »Abgesehen von all jenen, die außerhalb arbeiten, gibt es hier Menschen, die noch nicht einmal in Sintra waren. Sie leben hier in ihrer kleinen, beschränkten Welt, in der sie sich eingenistet haben und die sie nur ungern verlassen. An den Wochenenden gehen die jungen Leute in Lissabon aus, tanzen in afrikanischen Clubs. Die Alten hingegen bleiben lieber hier, hören vertraute Musik und tanzen *coladeira*.«

Eingebogen auf eine der Hauptstraßen sehen wir nagelneue Range Rover, Mercedes und Audi am Rand parken. »Diese Autos gehören den Drogendealern«, flüstert Paulo, auch wenn niemand in der Nähe ist. Wir flanieren weiter durch die engen, labyrinthartigen Gässchen, in denen junge Burschen einen Fußball hin und her schießen, unermüdlich und voller Leidenschaft. Fußball und Religion, die zwei Lebenssäulen Portugals. Nur bei Religion bin ich mir nicht so sicher. Auf den Straßen tummelt sich die Quirligkeit Afrikas: Marktfrauen bieten Obst und Gemüse feil, andere verkaufen afrikanisches Kunsthandwerk, jemand trommelt auf einer Blechdose, dazwischen streunt eine Katze umher. Frauen in traditionellen Kattunkleidern zerstampfen mit armlangen Mörsern Mais oder anderes Getreide. Einige Bewohner lungern gelangweilt herum oder unterhalten sich, manche holen die Wäsche von den Leinen. Ihre Gesichter schmückt ein breites Grinsen, sie sind entspannt und freundlich. »Island life«, meint Paulo. Viele Bewohner sind zwar in Portugal geboren und haben nie auf den Kapverden gewohnt, dennoch hat sich in der Cova ein Inseldasein eingelebt. »Auch wenn wir ums Eck von Lissabon sind, bleibt die Cova trotzdem eine Insel, mit all ihren Vorzügen, aber auch mit all ihren Nachteilen. Hier leben Menschen seit dreißig Jahren oder länger und sie haben noch immer keine portugiesischen Dokumente.« Weil sie illegal hier sind?, frage ich. »Nein, sie hätten sogar Anrecht auf die portugiesische Staatsbürgerschaft. Sie haben sich nur nie darum gekümmert.«

Aus den vielen Bars und noch viel mehr Friseursalons strömen kreolische Sätze, mal laut, dann noch lauter. Wie auch in Lissabons Altstadtvierteln, Alfama und Mouraria, diskutieren die Frauen hier durch die Gitterstäbe ihrer Fenster den Alltag und verbreiten die neuesten Gerüchte. Mit Lissabon hat dieses Little Africa jedenfalls noch eines gemein: Ständig geht es bergauf und bergab. Über den Eingangstüren der bunten Häuser kleben blau-weiße *azulejos*, die Antonius abbilden, den Stadtheiligen von Lissabon und Schutzpatron der Armen. Seiner gedenken die Bewohner auch während der jährlich stattfindenden Kola San Jon, dem wichtigsten Fest der Kapverden und folgedessen auch in der Cova. Mittlerweile gilt der farbenfrohe und lärmintensive Straßenumzug, bei dem seit 1984 jeden Juni alle ausgelassen singen, tanzen und trommeln, als immaterielles Kulturerbe Portugals. Von Hand bemalte Namensschilder schmücken die Hausecken dieses verschlafenen Örtchens und geben zudem Auskunft, wer die jeweiligen Straßen mehrheitlich bewohnt: Rua São Tomé, Rua Angola, Rua Madeira, Rua Boavista. Es sieht aus wie ein gemütliches Dorf auf den Kapverden, nur die Temperatur stimmt nicht und die Palmen fehlen. Da diese Häuser überall dort stehen könnten, wo die Portugiesen ein Stück kolonialer Vergangenheit zurückgelassen haben, also von Mosambik bis Macau, wurde kurzerhand auch eine Seifenoper in der Cova gedreht, die offiziell in Brasilien spielt: »Ouro Verde«, Grünes Gold.

Es riecht nach gebratenem Fisch, gegrillten Hühnerschenkeln und *cachupa*, dem kapverdischen Nationalgericht, einem deftigen Eintopf aus Bohnen, Mais, Süßkartoffeln und Fisch oder Fleisch. Zeit für ein Mittagessen in der Taberna de Sossego, der Kneipe der Ruhe. Wie ruhig es hier abends zugeht, kann man erahnen. Die Bude ist rammelvoll und so laut, dass jede Unterhaltung zu einem intimen Gespräch wird, da sich die Leute so nahe kommen müssen. An der Wand hängt ein Fernsehgerät und darin läuft, beinahe obligatorisch, ein Fußballspiel. Weniger obligatorisch, dafür freiwillig starrt auch jeder dorthin, fast wie beim Gottesdienst: Kellner, Köche und Gäste. Wie hier überhaupt jemand je etwas zu essen oder zu trinken bekommt, ist mir schleierhaft. Und wer denkt, in Lissabon hat der Service keine Eile, soll sich in der Cova auf insulare Gemütlichkeit einstellen. Alles hier passiert nach dem Rhythmus der Kellner und nicht nach jenem der Gäste: Es dauert eine gute Stunde, bis der gegrillte Fisch nach kreolischer Art auf unseren Tisch kommt.

In der Zwischenzeit trinken wir Bier und *vinho verde*. Paulo erzählt von seiner akademischen Abschlussarbeit, die den Zusammenhang zwischen Bildung und kultureller Identität untersucht. »Ich hatte Glück«, sagt er, »meine Eltern ermöglichten mir ein Studium. Migranten, die eine höhere Bildung genießen dürfen, fühlen sich eher portugiesisch als jene, die keine Schule besucht haben. Die fühlen sich in ihrer Clique daheim, weil sie in ihrer Kultur gefangen sind und nichts anderes kennenlernen.« Warum? »Die Gebildeten bekommen eher die Chance, an verschiedenen Orten zu arbeiten und in andere Länder zu reisen. Aber jene Bewohner der Cova, die vielleicht überhaupt noch nie auf den Kapverden waren, identifizieren sich noch mehr als Kapverder als beispielsweise ich. Sogar die Weißen, aber auch Angolaner oder São Toméer, die hier geboren und in der Cova aufgewachsen sind, und nicht studieren können, fühlen sich den Kapverden näher, da das ihr Zuhause ist.« »Willst du einen *grogue*?«, unterbricht der Kellner die Konversation beim Abservieren. »Ist das der kapverdische Zuckerrohrschnaps?«, frage ich zurück und sehe bereits den Kopfschmerz dahinter. »Ja, ist gut zur Verdauung und stärkt die Brust!«, sagt der Kellner. Ich darf nun kein Spielverderber sein: »Na dann, her mit dem Hochprozentigen!«

Leicht angetrunken beschließt Paulo schnurstracks, die Tour zu verlängern. Wir besuchen seine Tante, Joana, die mich sogleich links und rechts auf die Wangen küsst, als wäre ich der verlorene Sohn, der gerade heimgekehrt ist und auf den sie schon sehnsüchtig gewartet hat. Ich werde auf Zeit Teil der Familie, auch wenn ich keinerlei Namen der Anwesenden kenne. Die vierundsechzigjährige Kapverdianerin hat ein verrunzeltes, aber bildhübsches Gesicht mit mandelbrauner Haut und Augen, die nach Ehrlichkeit funkeln. Darf ich sie fotografieren? Dona Joana schüttelt den Kopf. »Wie viel bezahlst du?«, fragt sie und lacht. Dona Joana war die Erste in der Familie, die ihren Weg von Santo Antão nach Portugal gefunden hat. Das war 1976 – und damals galt sie als eine der ersten Siedlerinnen in der Cova überhaupt. Kaum hatte sie sich niedergelassen, rief sie ihre Schwester, Paulos Mutter, an: »Du musst kommen! Hier kannst du dir dein Stück Land selbst aussuchen und ein Haus bauen, es kostet nichts!« Heute sitzt Joana in der Küche desselben Hauses, das mittlerweile zwei Stockwerke dazugewonnen hat, und schneidet Birnen und Guaven für ihre Enkelkinder auf. »Mein Haus war das erste in diesem Teil der Cova«, sagt sie. Im Hintergrund läuft eine brasilianische *telenovela* im Flachbildfernseher. Und auf dem Herd brodelt eine Nudelsuppe. »Und wir waren die Ersten, die einen Fernseher hatten«, setzt sie stolz nach. Jemand platzt bei der Tür herein. Keiner schreckt hoch, hier ist das normal. »*Tudo bem?*«, sagt eine tiefe Stimme. »Alles gut?« Es ist Paulos Jugendfreund Tó, der nun Gasflaschen in der Cova verkauft. Bei Tante Joana bringt er die Zylinder sogar persönlich vorbei. »Wollt ihr einen selbst gemachten Punsch trinken?«, fragt Dona Joana. Wie können wir zur Tante nur Nein sagen? Als Teil der Familie habe ich schließlich keine andere Wahl, als mich der Tradition zu fügen, auch wenn mein Kopf bereits brummt. Schön, dass es solche Orte gibt – auch außerhalb des afrikanischen Kontinents.

Während sich mein Geist allmählich zu verwirren beginnt, führt Paulos Tour durch verschlungene und steile Wege zum höchsten Punkt des Vororts, der *moinho*. Die alte Mühle war auch die Namensgeberin für jene Organisation, die in der Cova kulturelle, soziale und sportliche Initiativen veranstaltet, Drogen- und Gewaltpräventionskurse anbietet und generell dafür eintritt, dass die Gemeinde lebensfreundlicher wird. Abwasserkanäle und fließendes Wasser haben die Bewohner ebenso Moinho zu verdanken. 1982 gründete die heute zweiundsiebzigjährige belgische Psychologin Godelieve Meersschaert gemeinsam mit ihrem portugiesischen Mann Eduardo die Organisation. Damals waren sie zu zweit, heute zählt Moinho insgesamt rund dreihundert Mitarbeiter und freiwillige Helfer. Zudem versucht die Organisation, mit den angebotenen Touren die Reputation der Ortschaft zu verbessern. Auch wenn jeder auf Anfrage teilnehmen kann, sind es bisher aber vor allem Wissenschafter und Künstler, die das Angebot wahrnehmen: Soziologen, Anthropologen, Architekten und Street-Art-Künstler. Letztere kommen vorwiegend, um sich die bemalten Wände anzusehen.

»*Eu tenho um sonho*«, »Ich habe einen Traum«, steht auf einer haushohen Fassade geschrieben. Gleich daneben strahlt das Antlitz von Martin Luther

King. Er reiht sich ein in heldenhafte Gesellschaft: Malala, Mandela, Bob Marley, Freiheitskämpfer Amílcar Cabral und Eusébio, den seine Fans landesweit als Fußballgott aus Mosambik verherrlichen. Sie alle leben weiter in der Cova und verbreiten ihre Botschaften, allerdings nur mehr in Form von Graffitis an den Hauswänden.

Mittlerweile dämmert es am Himmel und die Straßenlaternen in der Cova gehen an. Am Horizont glänzen die Lichter Lissabons. Friedlich und besinnlich, wie an Weihnachten. Von Weitem höre ich die schweren Melodien von Cesária Évora, der viel zu früh verstorbenen Königin der Morna. Im Coqueiro, der beliebtesten Kneipe in der Cova, spielen Musiker Césarias wehmütige Lieder originalgetreu nach – mit Geige, Akkordeon, Bass, Piano und *cavaquinho*, der kapverdischen Rhythmusgitarre. »Petit pays«, besingen sie ihre Heimat, »je t'aime beaucoup« und bekräftigen ihre Liebe für die zeit- und sorgenlosen Inseln. Auf einer improvisierten Tanzfläche schwingen die ersten Betrunkenen eifrig mit. Die anderen Gäste kümmern sich an der Bar darum, schleunigst in einen ähnlichen Zustand zu verfallen. Ein pöbelnder Gast wird gewaltsam hinausbegleitet. Während drinnen kapverdische Lebenslust zelebriert wird, patrouilliert draußen ein gut gefüllter Polizeibus durch die Gassen. »Sensible Sicherheitszone«, heißt es im Fachjargon der Exekutive. Die Polizisten darin wirken verängstigt, trotz ihrer Waffen. »Was sehen sie nur, das ich nicht sehe?«, frage ich mich innerlich. Als ob Paulo meine Gedanken lesen könnte, sagt er, dass sich manche

Polizisten sogar davor fürchten, hierherzukommen. »So einen schlechten Ruf haben wir!«

Bevor sich die Tour endgültig dem Ende zuneigt, besuchen wir noch einmal das Princesa. Mittlerweile steht Dona Lopes' Orangenkuchen fertig gebacken auf dem Tresen. Was sagt sie dazu, dass die Cova in den Medien vorwiegend negativ auffällt? »Ach, die Medien«, stöhnt sie. »Die machen hier aus jeder Fliege einen Elefanten. Der Großteil stimmt ja überhaupt nicht. Wirft man langfristig ein negatives Bild auf etwas, tut sich die Welt leichter damit, den Hahn einfach abzudrehen.« Letzteres sagt Dona Lopes begleitet von einer Handbewegung, die eher daran erinnert, jemandem den Hals umzudrehen. »Willst du ein Stück vom Orangenkuchen?«, fragt sie. »Unbedingt!«, antworte ich. »Whiskey dazu?«

# Obrigado

An Kritik, Inspiration, Motivation, Korrekturen und Beistand hat es, dank folgender Personen, nicht gemangelt: Silvia Cachafeiro, Tatjana Gröller, Carola Hoffmeister, Christian Kuhn, Stefan Lechner, Gerald Radinger, Christa Russmann & Martin Schatz.

Für euch soll's rote Nelken regnen!